維摩詰經精要

從入世證出世的智慧

有錢不礙修行　沒錢會障礙你的修行

鳩摩羅什◆原譯　梁崇明◆編譯

目次

目次

序

《維摩詰經》全名《維摩詰所說經》，又名《維摩經》、《不可思議解脫經》，此經是以人名為經名的佛說經典，名為「維摩詰所說」，實為佛說。最通行的版本由姚秦三藏法師鳩摩羅什譯，分上中下三卷十四品。其內容主要是敘述當時維摩詰居士稱病，佛陀派遣其弟子問疾，以文殊菩薩為代表，前往維摩精舍與維摩居士對話的情景，以「菩薩道」、「淨土」和「不二」三個主軸環環相扣，貫穿整部經典。此經是佛教眾多經典中般若部的一部大乘經教，屬於真空法性部的經典，主要思想是以「不二法門」為中心，來討論此不可思議之法門。內容有兩種不可思議，一是在世間受持佛法的人，隨因緣示現不可思議；二是行菩薩道的境界不可思議。

「維摩詰」是一位傳奇的在家居士，是古佛再來、菩薩示現，過去身是金粟如來，現身為古印度毘耶離城的長者，他「雖為白衣，奉持沙門律儀」，家境富有，有妻兒、眷屬，婢僕成群，從不忌諱擁有世間的享受；雖在俗塵，卻修為高遠，精通義理，辯才無礙，為適切教化各類眾生而出入世間，深入社會各個階層，乃至淫舍酒肆，仍能潔身自愛，如蓮花處污泥而不染。他常常以利益眾生為己任，在在處處都是同時具足佛的智慧，致力於弘揚不思議解脫法門，展現既出世又入世、中道不二、生活即修行的一種人生態度。

在〈佛道品〉中，維摩詰言：「若菩薩行於非道，是為通達佛道。」菩薩在我們的生活中，廣泛地與各行各業、方方面面的眾生進行接觸，開示佛法正確見，即是「行於非道」。他們有的示現於地獄道、餓鬼道、畜生道、貪慾道，有的示現於瞋恚道、愚痴道、邪見道等，無非都為了攝化眾生，總是能任運自在，不起分別，令之轉入佛道。

而如何通達佛道到「不二法門」，這便是《維摩詰經》的思想特點。菩薩無論在正道中修行，他不執著於正道，且正、邪是很清楚；菩薩在非道中修行，他的心在一切不清淨，能令心解脫，又對正、邪分得很清楚，對邪知邪見人，慢慢引導令入佛道。這種涉有不著的善巧方便，就是諸佛菩薩的方便智，就是諸佛菩薩的不起分別。所以說，若菩薩行於非道，他不是造惡或是做邪見之事，而是他在非道當中，一樣可以進入空性的平等，如〈佛國品〉裡頭所說：「不著世界如蓮花，常善入於空寂行」。

維摩詰居士此一塵不染的大悲菩薩精神，是因為住平等性境界，心無分別，即是「中道不二」，且說明了「不離娑婆，而直就淨土」。這種空有互融的思想，展現在本經屢屢描述的淨土之中，經中通過對舍利佛等眾執著於外境外法，懷疑此土汙穢不淨，明示欲得淨土，當淨其心。〈佛國品〉中：「若菩薩欲得淨土，當淨其心，隨其心淨則佛土淨」，國土的淨或不淨，在於「心」清不清淨，所以「直心是菩薩淨土」、「十善是菩薩淨土」，若人心淨，便可以看到這個國土是功德莊嚴的。此「心淨則佛土淨」的重要觀念，亦為大乘佛教唯心淨土的主要思想淵源。

很多人對修行的看法，是認為出家才是正統的修行，但是維摩詰居士以在家的身份，明確地展現了大菩薩道行者的精神，說明了修行證悟上不分出家與在家，自古至今亦有無數的在家人證菩薩道。因此透過研讀本經，學習維摩詰居士所告訴我們的，作為在家人，只要堅定成道信心，精勤修行，也可以具體地實踐佛法，成就無上菩提。並仿效經中大乘菩薩不起分別的作法，修行在人間，行於非道，在俗塵中不著汙泥，在煩惱中不捨斷煩惱，在貪瞋癡中展現智慧，就能契入不可思議的不二法門，成就通達佛道。

導讀

《維摩詰經》是《維摩詰所說經》的簡稱，維摩詰為人名，是一位居士的名字，與釋迦牟尼佛陀同世，「維摩詰」是梵語，譯為淨名，又譯無垢稱。此經緣起於大乘佛教重鎮的東印度毘舍離城，在大乘經典中，佔據頗為重要的地位，屬於真空法性部的經典。維摩詰居士早在過去世中，已經成就了佛道，佛號為「金粟如來」。此經的漢文譯本有六種以上。但影響最大、流傳最廣的，為姚秦鳩摩羅什之譯本。

不可思議解脫法門

《維摩詰經》也稱《不思議解脫法門》。〈囑累品〉中佛告阿難：「是經名為維摩詰所說，亦名不思議解脫法門。」所以合取其義，名為維摩詰不思議經，意謂此經是維摩詰所說的不可思議解脫法門。解脫即涅槃，由此而入謂之門，由此而入之方法為法門。

不是心思所可思量的，稱「不可思」；不是文字語言所能議論的，稱「不可議」，合二而一，稱為不可思議。「不可思議」就兩方面來說：其一，從一切法究竟真理說不可思議，不二法門畢竟空、真如、實相等，都必須以智慧親證才能體會，因為這種境界是心行即斷，覺不能思，言語亦滅。凡是心想、口語的都是二，一但一說出，就需要以世間的相對法即知性去理解，也就有所謂的分別，如有好就有壞，有美就有醜，有善就有惡。因此〈入不二法門品〉中，維摩詰以默然無言表入不二法門，文殊歎為「此則為真不二法門也」，此即是不可思議的諸法真理。〈觀眾生品〉天女對舍利弗說：「無離文字說解脫也。所以者何？一切諸法是解脫相」中亦說明「言說文字皆解脫相」，若我們認清語言文字皆不過是一種標籤、一種虛妄，說法本身並不是我們所說的言語，而是法本身。語言文字是為我們所用，而不能桎梏我們，則能認清言說文字皆解脫相。

其二，從行菩薩道的境界甚深而廣大說不可思議。〈不思議品〉中，當文殊師利菩薩帶著幾千個菩薩、比丘，還有優婆塞、優婆夷去探望維摩詰居士的時候，維摩詰居士的房間一下子就空曠寬廣了，並且從東方佛土借來三萬兩千高廣獅子座，其方丈大小的空間容納那麼多的獅子座，獅子座卻沒有縮小，房間亦沒有放大，此為廣狹相容，這就是不可思議的境界。丈室之中容納三萬二千獅子座，此不可以心思，不可以言議，即是佛菩薩不可思議解脫，這樣的境界，如〈方便品〉中維摩詰所說，我們人是血肉之軀，身軀並不是實體，它是有礙的，體積有質礙。一張椅子擺在這裡，就無法擺第二張，此為質礙。而佛菩薩的不思議境界，能了悟肉身是空性，身體因此而沒有質礙，無礙就能讓所有東西都能相容，大能入小，小能容大。〈不思議品〉最後，維摩詰以「是名住不可思議解脫菩薩智慧方便之門」說明「不可思議解脫法門」修持證入的方式，即是「智慧」與「方便」之門，以此「二智」通往不可思議解脫不二之門。見「煩惱、解脫」是「空」，則縛解不二，不落入二元對立的煩惱中，即是此經所說「不可思議解脫」，是徹證「畢竟空」所得的解脫。

接下去的第十至十二品為〈香積佛品〉、〈菩薩行品〉和〈阿閦佛品〉，維摩詰至香積國請佛食餘之香飯、手接大千世界、室包乾象等等不可思議，其中佛菩薩的不思議種種善巧方便，非常人所能理解的，包含大乘不可思議境界大小相即，一多互容等時空無體、當體即空的道理。

這種種的功德、智慧、神通、妙用等都是無量無邊的不可思議。只有證得這樣的解脫，才能在世間度生的過程中自在無礙。維摩詰居士正是這樣的一位大菩薩。

不二的意義

《維摩詰經》作為大乘佛教要典之一，其重心在闡揚「不二法門」，可說是貫穿於整部《維摩詰經》的一條主線。

世間我們所能知的一切無不是相待而有，也就是相對而存在，在佛法上說是「二」。所謂「不二」者，是開示生與死、煩惱與菩提、正與邪、正道與非道、迷與悟等表現為一對對立的矛盾的事物，事實上是一體的情況。因為一般人把這些事物之看作是兩回事者，那是人類的知性運作，把原本是一體的事物，但憑知性而一分為二罷了。站在知性的立場，看來雖是矛盾或互相對立的；但在實相的世界，原來是一體的，原本就是不二的。

在〈不思議品〉通往不可思議解脫不二之門之後，〈觀眾生品〉、〈佛道品〉、〈入不二法門品〉等就承接這樣的觀點繼續開演，〈觀眾生品〉的「語言文字皆解脫相」，〈佛道品〉的「一切煩惱皆如來種」，〈入不二法門品〉「生滅、垢淨、生死涅槃」等不二的闡述，都可以顯示不思議解脫之內涵以「不二」為根本概念。

男女不二、色相無在無不在

〈觀眾生品〉中天女與舍利弗探討男女相的問題，說明男女不二。男女外貌的差異都源與我們的分別心。以及「色相無在無不在」，在、不在皆是二元，若我們能認知到色空不二，色本身和空一樣，當我們能超越對於色與空之間分別的執著時，便沒有在與不在的問題了，是故「而一切諸法亦復如是，無在無不在」。

菩薩行於非道，是為通達佛道

〈佛道品〉中，文殊問：「菩薩何以通達佛道？」維摩詰答：「菩薩行於非道，是為通達佛道！」所謂「非道」即地獄道、餓鬼道、畜生道、貪道、嗔道、癡道。如果是從二乘菩提的法義來看維摩詰菩薩，好像都跟佛法顛倒；本來佛道中就應該要離於非道才能成佛，但維摩詰菩薩卻反而說要在非道中行，說這樣才能通達佛道，彰顯非道、佛道不二，兩者皆為破除對入世與出世的執著。世人習將所有事物作二分法，但菩薩不住相行於方便，不著世間相，也不著出世間相，所以於非道中，或於汙濁的世間，亦能不起分別，不改心境，才是真正超越二分法，到達不二的境界。

不可言、不可說、不可示

〈入不二法門品〉中，維摩詰向八千菩薩發問，什麼是不二法門？法自在等三十一位菩薩紛紛說出自己的看法，或者說無主觀無客觀，或者說無空間無時間等等，維摩詰則長默不語，文殊大為讚歎：不著文字、不著語言，這才是真正進入不二法門。文殊菩薩以為不可言、不可說、不可示是「不二法門」。

不盡有為，不住無為

〈菩薩行品〉中釋迦佛教眾香國菩薩「如菩薩者，不盡有為，不住無為。」菩薩行是隨順法性不假造作的性空緣起，通達一切法沒有主宰，明瞭緣起性空，生而不生，不滅而滅，即是一切法不可得，所以能「不盡有為，不住無為」。無為是空，有為是有。如果斷有為住無為，即無所作為，不度眾生，即灰身滅智；如果斷無為住有為，即是凡夫。行菩薩道是不住空有兩邊，看到現相界一切如夢幻泡影，不取；但在夢幻之中廣作佛事，廣度眾生，不捨。不盡有為，在娑婆世界度盡一切眾生；不住無為，眾生度盡而無一眾生可度者。

法的特性

法之所以「不二」，主要在於法的真實意義與特性上。可從〈弟子品〉中，維摩詰與佛陀弟子對談的陳述中，歸納出幾個主要的特性：

1. 離一切相：

佛與大目犍連的對話：「法無眾生，離眾生垢故；法無有我，離我垢故；法無壽命，離生死故；法無有人，前後際斷故」、「法離於相，無所緣故」。人皆以色、受、想、行、識五蘊計為實，此為我相、人相、眾生相、壽者相等。但是諸法緣起無定相，所以我、人、眾生、壽者四相皆無實在相，因此諸法的真實相即是無相，所以離一切相。

2. 法性本空：

「法常寂然，滅諸相故」、「法無形相，如虛空故」、「法無戲論，畢竟空故。」、「法同法性，入諸法故；法隨於如，無所隨故」、「法順空，隨無相，應無作。」諸法本虛幻無相可言，所以就法本身的性質來講是相同不變的，皆屬空性。

3. 法離相待：

維摩詰對優波離說：「一切法生滅不住，如幻如電，諸法不相待，乃至一念不住。」十大弟子們所執的都是主及客、世間及出世間、煩惱及涅槃等等的相對法，而維摩詰則針對他們所執加以遮遣。蕩相遣執的用意在於呈顯存在的實相，實相是不會落於相對法之中的。

唯心淨土

「唯心淨土」是大乘佛教的一個基本思想，《維摩詰經》是最為主要也最深入的思想源淵。因《維摩詰經》的核心價值，在於「心淨則國土淨，直心是道場」。本經的淨土義是其不二法門的一種表現，維摩詰居士本身是一個擁有妻子親眷乃至往來於酒肆淫舍，卻又能一塵不染的大菩薩。因此這種出污泥而不染的精神，在入世中證出世的智慧，認為入世、出世不二，是《維摩詰經》重要的思想特點，亦完全彰顯了大乘佛教入世間的精神。

維摩詰居士不論客觀的環境是如何的垢染污穢，世間的妄想千變萬化，而總是能任運自在，不起分別，不為客塵所染，不為煩惱所礙。雖然在家與出家生活有種種的差異，但內在的修行並沒有不同。正所謂「居五塵而不染，處眾穢而常淨」，如蓮花處污泥而不染。

〈佛國品〉中「若菩薩欲得淨土當淨其心，隨其心淨則佛土淨。」舍利弗便深感疑惑，若佛意清淨，那我們腳下的這塊土地卻為何如此不淨呢？佛陀便答道：「眾生罪故不見如來佛土嚴淨。」於是佛陀用腳指對地輕輕一點，便「即時三千大千世界若干百千珍寶嚴飾，譬如寶莊嚴佛無量功德寶莊嚴土。」由此可見，萬物皆有其究竟實相，但卻因為我們分別的心而有隔閡，隨個人心中的知見不同，而所見不同。諸佛菩薩因為能洞察諸法空相，無生無滅，以及能夠住妄想境不分別。了知萬法都是如鏡中花和水中月，卻不捨棄一切法；亦不對幻化的世界有所迷戀貪著，迷失於妄想境，譬如〈佛國品〉裡所說：「不著世界如蓮花，常善入於空寂行。」這就是諸佛菩薩的不起分別。

雖然在家與出家生活有種種的差異，但內在的修行並沒有不同。因此，《維摩詰經》說：「世間與出世間亦不二，超越分別，才是真正的不二中道。」心為一切的根源，淨土是心的顯現，不論是過著困苦的生活還是富裕的生活，入世間還是出世間，只要是心清淨，就是清淨的生活。無所分別，便不需要離開生死流轉的世間，而能求取出世間之涅槃，所在的國土即是清淨莊嚴。

第01品　佛國品第一

為何佛的國土一直是莊嚴清淨的，
而有些眾生卻見此國土到處污穢不堪呢？

【釋題】

「佛國」指佛所居住的國土，也就是「常寂光淨土」，是從佛的清淨法身所示寂的。另有「實報莊嚴土」，是佛的報身和地上菩薩所居住的處所，其他還有方便有餘土，是二乘聲聞所居住的地方，再者「凡聖同居土」，是凡夫聖人所共同居住的地方。從佛本身講，無所謂四土，因眾生迷悟不等，就見有土的差別，其他三土，都是從常寂光淨土中所反映出來的。

【要義】

釋迦牟尼佛在毗耶離城外庵羅樹園與眾集會，長者子寶積帶領五百長者子，人手一頂寶蓋來參拜供養釋迦牟尼佛，佛以神通力把五百寶蓋合成一大蓋，在其中示現無比莊嚴的佛國淨土。引出一個結論：「若菩薩欲得淨土，當淨其心，隨其心淨，則佛土淨。」為不思議解脫的根本。不論何方國土，都是淨土，世間的煩惱皆為心的變現。

於是長者子寶積即於佛前，以偈頌曰：

「目淨脩廣如青蓮，心淨已度諸禪定，

久積淨業稱無量，導眾以寂故稽首。

既見大聖以神變，普現十方無量土，

其中諸佛演說法，於是一切悉見聞。

法王法力超群生，常以法財施一切，

能善分別諸法相，於第一

那位毗耶離城的寶積富家子，隨即在佛祖跟前頌出這樣一段長偈：

「佛的眼睛清澈分明、又長又大，有如藍色蓮花瓣，佛的心念純淨已證悟各種禪定，久遠累積的善業堪稱無量無邊，開導眾生趣涅槃，因而深得大眾的禮敬。我們又親眼目睹佛以神通力變現的十方無量國土，每一方佛國土都有無量諸佛在演說佛法，所有眾生都得以見聞。您以超群的法力，常以法財布施給一切眾生，能善於深入分析各種的現象，深契實相第一義。已在諸法中得大自在，為此我向法王稽首頂禮。教導我們世間事物不落入有無二邊，一切事物都由於因緣和合才得以生起。既**無我、無造作者、無受者，但是一切善業及惡業卻不**

義而不動，
　已於諸法得自在，是故稽首此法王。
　說法不有亦不無，以因緣故諸法生，
　無我無造無受者，善惡之業亦不亡。
　始在佛樹力降魔，得甘露滅覺道成，
　已無心意無受行，而悉摧伏諸外道。
　三轉法輪於大千，其輪本來常清淨，

會消失。佛在菩提樹下降伏了魔軍，終於證得如甘露般的涅槃寂，成就無上佛道滅，已不受心、意、受、行的影響，進而駁倒各種外道學說。在大千世界三轉法輪，這法輪恆常地明淨無垢，這一點可用天人們證得佛道為證，而佛、法、僧三寶因此在世間出現。以這樣的清淨妙法濟度眾生，眾生若能信受奉行，就可得永不退轉，而恆常寂然入於涅槃，佛是濟度眾生生、老、病、死諸苦患的大醫王，在法海中功德無邊，我已用頭禮拜，人們應該禮敬。對於毀譽，您像如須彌山般絲毫不為之所動，對於不管是善是惡的眾生，都能以慈悲之心平等對待他們，平等心如虛空，任誰聽聞這人中佛寶，誰能不生崇敬之情。我們現在向世尊供養這頂小小的七寶

天人得道此為證，三寶於是現世間。
以斯妙法濟群生，一受不退常寂然，
度老病死大醫王，當禮法海德無邊。
毀譽不動如須彌，於善不善等以慈，
心行平等如虛空，孰聞人寶不敬承。
今奉世尊此微蓋，於中現我三千界，
諸天龍神所居宮，乾闥婆

蓋，七寶蓋中顯現着我們身處的三千大千世界，顯現着天人、龍神居住的宮殿及乾闥婆和夜叉。七寶蓋將世間一切事物都顯現出來，那是佛以特有的十種智力神通力令它們顯現的，我們親眼目睹這稀有景像無不讚嘆佛陀，現在我們向這欲界、色界、無色界三界之尊叩頭頂禮。眾生都歸仰大聖法王，在淨心觀望佛的莊嚴法相時無不歡欣雀躍，世尊的莊嚴身相各自不同顯像於各人眼前，那是佛特有的神力所致，與人、天及二乘不同之處。佛以同一聲音演說佛法，眾生則以各自的品性理解得益，大家都說世尊用和他們一樣的語言對他們說話，那是佛特有的神力所致，與人、天及二乘不同之處。您以同一聲音演說佛法，眾生中有的聽了驚畏有的歡喜，

等及夜叉，

　悉見世間諸所有，十力哀

現是化變，

　眾覩希有皆歎佛，今我稽

首三界尊。

　大聖法王眾所歸，淨心觀

佛靡不欣，

　各見世尊在其前，斯則神

力不共法。

　佛以一音演說法，眾生隨

類各得解，

　皆謂世尊同其語，斯則神

力不共法。

有些厭離世間有些斷除疑惑，那是佛特有的神力所致，與人、天及二乘不同之處。」

佛以一音演說法，眾生各各隨所解，普得受行獲其利，斯則神力不共法。

佛以一音演說法，或有恐畏或歡喜，或生厭離或斷疑，斯則神力不共法。」

佛言：「寶積！眾生之類是菩薩佛土。所以者何？菩薩隨所化眾生而取佛土，隨所調伏眾生而取佛土，隨諸眾生應以何國入佛智慧而取佛土，隨

佛說：「寶積！**一切眾生界，就是菩薩所依的佛國淨土**。為什麼這樣說呢？因為**菩薩按他們能教化眾生到怎樣的程度去而建立自己的佛土**，按他們能調教攝伏眾生到怎樣的程度而去建立佛土，按眾生生在哪個國度去進入佛的智慧而去建立佛土，按

諸眾生應以何國起菩薩根而取佛土。所以者何？菩薩取於淨國，皆為饒益諸眾生故。譬如有人，欲於空地，造立宮室，隨意無礙；若於虛空，終不能成！菩薩如是，為成就眾生故，願取佛國，願取佛國者，非於空也。

爾時舍利弗承佛威神作是念：「若菩薩心淨，則佛土淨者，我世尊本為菩薩時，意豈不淨，而是佛土不淨若此？」

眾生應生在哪個國度去生起菩薩的道根而去建立佛土。為什麼呢？因為菩薩之所以建立佛國淨土，都是為了饒益眾生的。譬如說，有人要是想在一片空地建造宮殿，他可以隨意建造，不受制約妨礙；但要是他想在一片虛空中建造宮殿，最終是不可能建成的！菩薩也是這樣，他們為了成就眾生，其佛國並不是建在虛空之上而是依靠眾生的。」

這時候，舍利弗得到了佛陀神威的感應，心裡就產生了一個念頭：「如果說菩薩清淨其心，就會有清淨佛國土的話，那麼我佛世尊當初為菩薩的時候，他的豈不是不清淨的，否則我們居住的這個世界怎麼會看起來如此汙濁呢？」

佛知其念，即告之言：「於意云何？日月豈不淨耶？而盲者不見。」

對曰：「不也，世尊！是盲者過，非日月咎。」

「舍利弗！眾生罪故，不見如來佛土嚴淨，非如來咎；舍利弗！我此土淨，而汝不見。」

爾時螺髻梵王語舍利弗：「勿作是意，謂此佛土以為不淨。所以者何？我見釋迦牟尼佛土清淨，譬如自在天宮。」

佛世尊當即知道了他的意念，便對他說：「你怎麼會這麼想的呢？太陽和月亮難道不明淨嗎？但是對於瞎子來說，是看不見的。」

舍利弗回答：「不是的，世尊！是瞎子看不見的問題，而非太陽和月亮不明淨。」

佛又說：「舍利弗！一些眾生錯失不見如來佛土的莊嚴清淨，同樣亦非如來之過啊。舍利弗，我佛國土是清淨的，只是你看不見。」

這時候，螺髻梵王對舍利弗說：「你不該有這種疑惑念頭的，怎麼會覺得此佛國土有不淨汙濁的。為什麼呢？因為在我看來，釋迦牟尼佛的國土是非常莊嚴明淨，有如自在天宮殿的莊嚴。」

舍利弗言：「我見此土丘陵坑坎、荊蕀沙礫、土石諸山、穢惡充滿。」

螺髻梵王言：「仁者心有高下，不依佛慧，故見此土為不淨耳！舍利弗！菩薩於一切眾生，悉皆平等，深心清淨，依佛智慧，則能見此佛土清淨。」

於是佛以足指按地，即時三千大千世界，若干百千珍寶嚴飾，譬如寶莊嚴佛，無量功德寶莊嚴土，一切大眾歎未曾有！而皆自見坐寶蓮華。

舍利弗便說：「我明明看見此國土中有高原、低地、荊刺、草莽、深淵、絕壁和群山，還到處都有糞便，惡臭充滿。」

螺髻梵王說：「那是仁者你**心中有高低染淨的種種分別，未有依佛智慧的正念，因此才見此國土到處不淨啊**！舍利弗啊！菩薩對一切眾生應皆平等，懷著深固的信心，以佛的智慧為依據，便能得見此國土是清淨無穢的。」

此時佛以足指輕按地面，頓時三千大千世界轉化成由千萬種奇珍異寶鑲成的世界，有如裝飾著佛的莊嚴及其無量功德佛國土的莊嚴，一切大眾無不因此而驚歎，稱說見未曾有過的奇妙景像！各人更發現自己皆就坐在蓮花寶座上。

佛告舍利弗：「汝且觀是佛土嚴淨？」

舍利弗言：「唯然，世尊！本所不見，本所不聞，今佛國土嚴淨悉現。」

佛語舍利弗：「我佛國土常淨若此，為欲度斯下劣人故，示是眾惡不淨土耳！譬如諸天，共寶器食，隨其福德，飯色有異。如是，舍利弗！若人心淨，便見此土功德莊嚴。」

佛於是對舍利弗說：「你現在看到我這佛土是莊嚴清淨的嗎？」

舍利弗回答說：「是的，世尊！在我眼前本該見的，過往我未曾得見，本該聽聞的，過往我未曾聽聞，現在佛國土的莊嚴清淨均一一呈現了。」

佛又對舍利弗說：「我佛國土一直是這麼莊嚴清淨的，如果有時看上去是有些污穢不淨的惡劣環境，那只是為了向那些下智劣根的人，顯示他們種種的罪惡行為會令國土不淨的現象罷了！舉例來說，這就像色界的諸天人，雖然在同一個食器中拿取食物，但仍依據各自福德的差異，而飯食的色香味也各有不同。同樣道理，舍利弗啊！**如果有人心是清淨的，就能看見此國土是莊嚴清淨的。**」

第02品　方便品第二

維摩詰菩薩為何要示現為居士身？
這個色身是實體嗎？

為何維摩詰在俗世生活，
能出入賭場酒樓，而對三界塵俗沒有執著，
也不影響他對佛法的正確信仰呢？

【釋題】

方是方法，便是便宜。「方便」指方法、便用，有權實二智的方法，此品說明維摩詰方便示現居毘耶離。這是描述維摩詰居士行菩薩道利益眾生，有無量方便化無數身分。

【要義】

維摩詰居士行方便法門，示現自身有病。維摩詰給所有來問疾的人，隨起根智應機說法，將甚深佛法開顯出來，使眾生得到無邊法益，這是維摩詰菩薩大悲方便所自然流露的法音。

維摩詰菩薩示現為居士身，有妻子、眷屬，雖然身為居士，但具備菩薩的一切品行，在世俗生活中，採取方便善巧，教化眾生。他能自在出入一切場所，他無論出現在那種社會生活場合，都遵奉佛道，弘揚佛法，是具足方便波羅蜜的偉大菩薩。他說明人的身體由蘊、界和處聚合而成，註定朽壞毀滅。因此，不應該依靠和執著這個身體，而應該嚮往如來法身。獲得如來法身，便能擺脫一切疾病和煩惱。

爾時毘耶離大城中有長者，名維摩詰，已曾供養無量諸佛，深植善本，得無生忍；辯才無礙，遊戲神通，逮諸總持；獲無所畏，降魔勞怨；入深法門，善於智度，通達方便，大願成就；明了眾生心之所趣，又能分別諸根利鈍，久於佛道，心已純淑，決定大乘；諸有所作，能善思量；住佛威儀，心大如海，諸佛咨嗟！弟子、釋、梵、世主所敬。欲度人故，以善方便，居毘耶

那時候，毗耶離城中有位長者，名叫**維摩詰**，曾經供養過無數諸佛，培植了成佛的深厚善根，獲得了洞見諸法不生不滅的智慧，心智寂滅的無生法忍；雄辯無滯，了無障礙，他具有六種神通，可遊化三界往來自在，**又有提綱挈領，從總體上把握一切諸法、一切修行法門的總持功夫**；他得了佛菩薩才有的四種無所畏能力，降伏了世間一切煩惱及怨恨；深諳佛法，尤其善於智慧度人，通達因時因地因人教化眾生的方便途徑，完成了教化、濟度眾生的大悲弘願；明瞭一切眾生的心意所求，又能區分眾生領悟佛法的能力、機緣，很久以來，就精勤地用心於佛道，內心早就靈明純淨，堅定不移地遵循大乘精神；任何言行都有周密的思量；任何舉止都

離；資財無量，攝諸貧民；奉戒清淨，攝諸毀禁；以忍調行，攝諸恚怒；以大精進，攝諸懈怠；一心禪寂，攝諸亂意；以決定慧，攝諸無智；雖為白衣，奉持沙門清淨律行；雖處居家，不著三界；示有妻子，常修梵行；現有眷屬，常樂遠離；雖服寶飾，而以相好嚴身；雖復飲食，而以禪悅為味；若至博弈戲處，輒以度人；受諸異道，不毀正信；雖明世典，常樂佛法；一切見敬，

符合佛的威儀，心如同大海，維摩詰的德行，深受諸佛嘉許讚歎！佛弟子、帝釋天、諸梵王、世間主均對他表示恭敬。**為了救度世人，實行善巧方便，**維摩詰才居住在毗耶離城中；他的財產無盡，經常資助城中貧民；他的戒行清淨，足以為人典範，使不敢毀棄戒律；他以忍辱的精神支配自身，令世人知道杜絕瞋恚；他不斷精進，借此攝化那些懈怠懶散的人；他修持禪定，一心歸寂，從而攝化心浮意躁的眾生；他以定發慧，攝化無明愚癡的世人；雖然他的身份只是白衣居士，但卻全力奉持出家沙門的清淨戒律；**雖然他居家生活，卻沒有對三界塵俗世事的執著**；雖然他有妻有子，仍不斷修清淨梵心；雖然也有許多家眷，但對家眷並不貪戀，經常

為供養中最；執持正法，攝諸長幼；一切治生諧偶，雖獲俗利，不以喜悅；遊諸四衢，饒益眾生；入治政法，救護一切；入講論處，導以大乘；入諸學堂，誘開童蒙；入諸婬舍，示欲之過；入諸酒肆，能立其志；若在長者，長者中尊，為說勝法；若在居士，居士中尊，斷其貪著；若在剎利，剎利中尊，教以忍辱；若在婆羅門，婆羅門中尊，除其我慢；若在大臣，大臣中尊，教以正法；

樂於獨身遠離；身上服飾雖然華貴，但更有善德帶來的莊嚴相貌；**雖然也如常人一般飲食，但以禪的喜悅為品味；雖然也至賭場戲院，但是以教化度人為目的；雖然接納外道異端，但不影響對佛法的正確信仰**；雖研習世間諸學問，但對於佛法仍是最為精通與愛好；一切眾生都對他表示恭敬，同意他是最應接受供養的。

維摩詰居士執持正法，也教化了老老少少的眾生；他像世俗一般人一樣從事謀生事業以積財，可是卻沒有因賺了錢而沾沾自喜；他雖然也遊走在街巷中，但所到之處都以佛法饒益眾生；他參與政治、司法以維護一切正義；在議論研討不同見解的地方，他以大乘佛法教導世人；在學堂學館，他灌

若在王子，王子中尊，示以忠孝；若在內官，內官中尊，化政宮女；若在庶民，庶民中尊，令興福力；若在梵天，梵天中尊，誨以勝慧；若在帝釋，帝釋中尊，示現無常；若在護世，護世中尊，護諸眾生。長者維摩詰，以如是等無量方便饒益眾生。

輸學童們基礎的佛法入門知識；**他有時也出入於青樓妓院，是為了顯示淫欲的罪過；每當進入鬧市酒館，也是為了教化人立志戒酒**；年長而賢德的人以他為領袖，聽他宣說殊勝的法理；在未出家的居士大眾中，居士們以他為領袖，他會勸他們斷除貪著；若在武士剎帝利大眾中，貴族和武士們以他為領袖，他會教導他們忍辱；若在婆羅門大眾中，婆羅門眾以他為領袖，他會教化他們棄除驕慢心；若在國內的諸大臣眾中，諸眾大臣以他為領袖，他會教導大臣們要奉守正法；若在宮中諸王子當中，他便是王子們的老師，他會教導他們應盡忠盡孝；若在帝王的內宮侍從當中，內宮侍從便以他為領袖，他會教導眾宮女遵守王法和人倫之理；若在平民百

其以方便，現身有疾。以其疾故，國王大臣、長者居士、婆羅門等，及諸王子并餘官屬，無數千人，皆往問疾。其往者，維摩詰因以身疾，廣為說法：

姓當中，平民百姓們便以他為領袖，他會教導他們以行善興福的努力；若在諸梵天當中，諸梵天便以他為領袖，他會教導他們佛的殊勝智慧；若在帝釋天當中，眾帝釋天以他為領袖，他會教導他們不要貪愛；示現給他們無常及空的道理；若在護法四天王當中，護法諸天神仍以他為領袖，他會教導他們要護佑世間一切眾生。維摩詰居士就是這樣的以無量的方便法利益眾生。

他假借身患疾病來教化眾生。因為他生病，毗耶離城中，從國王大臣，以至各富商、白衣居士及婆羅門等，與諸王子和所統屬官員，成千上萬人皆紛紛前往探視病情。趁這個機會，維摩詰向眾多前來探病的人宣說正法：「大德們！我們的身體這

「諸仁者！是身無常、無強、無力、無堅、速朽之法，不可信也！為苦、為惱，眾病所集。諸仁者！如此身，明智者所不怙；是身如聚沫，不可撮摩；是身如泡，不得久立；是身如炎，從渴愛生；是身如芭蕉，中無有堅；是身如幻，從顛倒起；是身如夢，為虛妄見；是身如影，從業緣現；是身如響，屬諸因緣；是身如浮雲，須臾變滅；是身如電，念念不住；是身無主，為如地；是身無我，

麼無常、脆弱，是很快就會朽壞，不值得信賴的！是痛苦、煩惱和各種疾病的容器。大德們！像這樣的身體，明智的人不會依賴它。這身體有如水沫聚集，不可以用手去捏弄，一捏就化掉了；人身有如水泡，沒多久就會破掉，維持不了多久；這身體有如火焰，是從渴愛之中產生出來的；這身體有如芭蕉，中間是軟的；這身體有如幻影，所見總與實像顛倒；這身體有如夢，是一種虛妄的想法；這身體有如業緣的影子，隨著業緣出現；這身體有如敲打聲響，必定有種種因緣；這身體有如浮雲，須臾之間變幻消滅；這身體有如閃電，每個念頭都不停留。這身軀並無主宰，它不過是大地的共同體；這身軀並無自我，它不過是如火般無形；這身軀並無

為如火；是身無壽，為如風；是身無人，為如水；是身不實，四大為家。

諸仁者！此可患厭，當樂佛身。所以者何？佛身者即法身也；從無量功德智慧生，從戒、定、慧、解脫、解脫知見生，從慈、悲、喜、捨生，從布施、持戒、忍辱、柔和、勤行精進、禪定、解脫、三昧、多聞、智慧諸波羅蜜生，從方便生，從六通生，從三明生，從三十七道品生，從止觀生，

壽量，它不過是如風過隙；這身軀並無人格主權，它不過是如一依之水；**這身軀並不是實體，它不過是由地、水、火、風四大和合而成**。

各位大德！對於這麼一個身體你們應該覺得討厭，而樂於追求如來的身體。為什麼呢？因為**佛的身體，也就是法身，是由無量功德智慧而生的**，法身是由守戒、禪定、智慧、解脫生死、解脫知見而生，法身是由慈、悲、喜、捨而生，法身是由布施、持戒、忍辱、柔和、勤行精進、禪定、解脫、三昧、多聞、智慧等修行方法中產生的，法身是從方便法門中產生的，法身是從六通（天眼通、天耳通、神足通、他心通、宿命通、漏盡通）產生的，法身是從三明（宿命明、天眼明、漏盡明）產生的，

從十力、四無所畏、十八不共法生，從斷一切不善法、集一切善法生，從真實生，從不放逸生；從如是無量清淨法生如來身。諸仁者！欲得佛身、斷一切眾生病者，當發阿耨多羅三藐三菩提心。」

如是長者維摩詰，為諸問疾者，如應說法，令無數千人皆發阿耨多羅三藐三菩提心。

法身是從三十七道品產生的，是從止觀並重的修持中產生的，是從十力、四種無所畏、十八種不共法而生，法身是從斷除一切不善之法、聚集一切善法而生，法身是由真理實在性而生的，是從精進及不放逸產生的，法身是從一切無量清淨法產生的。各位大德！如果想要追求如來清淨法身，以斷除一切眾生所患的貪病，都應該發無上正等正覺心。」

維摩詰居士向前來探望他病情的眾生這樣說法，使得數千人都發無上道心，願求無上正等正覺了。

第03品　弟子品第三

如何能做到既無煩惱，
又不離充滿煩惱的世間？

為何托缽不能揀擇貧窮或富貴人家，
應該要以平等心乞食呢？

【釋題】

此品主要是引述佛陀的十大弟子分別受命到維摩詰家問疾。

【要義】

本品說明世尊遙知維摩詰生病，便派遣弟子前去探望問候。佛遣聲聞弟子中的智慧第一的舍利弗、神通第一的目犍連、持戒第一的優婆離、頭陀第一的迦葉等前去探視維摩居士，他們各自敘述曾被喝斥彈呵的經過，都領教過維摩詰的辯才，覺得難以應對。於是五百聲聞弟子，無一人敢承擔問疾之事。十大弟子們所執的都是主及客、世間及出世間、八邪道及八聖道、煩惱及涅槃等等的相對法，而維摩詰則針對他們所執加以遮遣，用意在於呈顯存在的實相，實相是不會落於相對法之中的。

爾時長者維摩詰，自念：「寢疾於床，世尊大慈，寧不垂愍？」

佛知其意，即告舍利弗：「汝行詣維摩詰問疾。」

舍利弗白佛言：「世尊！我不堪任詣彼問疾。所以者何？憶念我昔，曾於林中宴坐樹下，時維摩詰來謂我言：『唯，舍利弗！不必是坐，為宴坐也。夫宴坐者，不於三界現身意，是為宴坐；不起滅定

這時候，維摩詰居士自己想著：「我臥病在床，懷有大慈心的世尊如來怎麼不派人來探視我呢？」

佛感應知道維摩詰的心思，就對素有智慧第一之稱的舍利弗說：「你去探望一下維摩詰的病情吧。」

舍利弗被點名後，回答佛說：「世尊！我恐怕不能去探望他的病情。為什麼呢？記得過往，有一天我坐於林中樹下，專注於禪坐。這時，維摩詰走來對我說：『喂，舍利弗！真正的禪坐不必像你這樣，所謂**禪坐，是要使你的身心都不在三界中，不必拘泥於形式，不用打坐也能表現出來的。禪坐是要能顯示於日常行為卻不用捨棄佛道精神；禪坐不**

而現諸威儀，是為宴坐；不捨道法而現凡夫事，是為宴坐；心不住內亦不在外，是為宴坐；於諸見不動，而修行三十七品，是為宴坐；不斷煩惱而入涅槃，是為宴坐。若能如是坐者，佛所印可。』時我，世尊！聞說是語，默然而止，不能加報！故我不任詣彼問疾。」

佛告大目犍連：「汝行詣維摩詰問疾。」

目連白佛言：「世尊！我

必有別於百姓日用，只要遵循佛法都是禪坐；禪坐是內不著念，外不著境相，這才是真正的禪坐；禪坐是在各種邪見干擾下都能修行三十七道品，這才是真正的禪坐；禪坐是不需企圖捨斷煩惱入於涅槃的。這些方式的禪坐才是真正的禪坐，佛也會認同的。』世尊！當時我聽了維摩詰這一番言論後，無言以對，不知道該如何回應！所以我無法勝任前去探病的任務。」

於是世尊對大目犍連說：「你去探望一下維摩詰的病情吧。」

目犍連回答佛說：「世尊！我恐怕不能去探望

不堪任詣彼問疾。所以者何？憶念我昔入毘耶離大城，於里巷中為諸居士說法。時維摩詰來謂我言：『唯，大目連！為白衣居士說法，不當如仁者所說。夫說法者，當如法說。法無眾生，離眾生垢故；法無有我，離我垢故；法無壽命，離生死故；法無有人，前後際斷故；法常寂然，滅諸相故；法離於相，無所緣故；法無名字，言語斷故；法無有說，離覺觀故；法無形相，如虛空故；法

他的病情。為什麼呢？記得過往，有一天我在毗耶離城中的廣場為居士們說法。這時，維摩詰走來對我說：『喂，目犍連！你這樣不是教導白衣居士佛法的方法。演說佛法，應當根據實相來教。**佛法並無生命體與非生命體的分別，是不著眾生相的；**佛法是不著我相的，應離棄我的思想塵垢所蒙蔽；**佛法並無壽命時間長短的分別，**應離棄生與死等思想觀念；佛法並無人和其他生命的分別，應作無前後相續，無邊際的想法；佛法的本質是恆常寂靜的，因為它是沒有生滅相的；**佛法的本質非一切相可以表示，**因不是因緣條件才產生的緣故；**佛法的本質不能以任何「名字」稱說，因不是語言文字所能描繪的；佛法的本質沒有可以表達的言說，因不**

無戲論，畢竟空故；法無我所，離我所故；法無分別，離諸識故；法無有比，無相待故；法不屬因，不在緣故；法同法性，入諸法故；法隨於如，無所隨故；法住實際，諸邊不動故；法無動搖，不依六塵故；法無去來，常不住故；法順空，隨無相，應無作；法離好醜，法無增損，法無生滅，法無所歸；法過眼耳鼻舌身心；法無高下，法常住不動，法離一切觀行。唯，大目連！法相如是，

可以分別心去觀照覺悟的緣故；佛法的本質是無形無相，因為它就像虛空一樣看不見摸不著；佛法的本質也是不能隨意妄加論說的，因畢竟「歸空」的緣故；佛法的本質是非「我」之所屬，因為「我」非實所在的緣故；**佛法的本質是不能比較分別，因絕非既有觀念知識可以規範的；佛法的本質是不可以互相比對，因為它是無所對待的**；佛法的本質不依屬於任何原因，因不是緣起法範圍內的東西；佛法的本質與法性沒有差別，因為它遍及一切事物；佛法只隨應真如，因為它本來什麼也不追隨；佛法住於常寂的真如實際，因為不為一切現象所變動；佛法的本質是不可動搖的，因為不依著色、聲、香、味、觸、法這六塵；佛法的本質是無來無去

豈可說乎？夫說法者，無說無示；其聽法者，無聞無得。譬如幻士，為幻人說法。當建是意，而為說法。當了眾生根有利鈍，善於知見無所罣礙，以大悲心讚於大乘，念報佛恩不斷三寶，然後說法。』維摩詰說是法時，八百居士發阿耨多羅三藐三菩提心。我無此辯，是故不任詣彼問疾。」

的，因為它不住任何具體的現象；佛法的本質是與空性相應，既無相，也沒有造作；**佛法的本質是沒有美麗和醜陋、增長和減損的區別**，佛法的本質是沒有生滅的，佛法的本質也沒有最終歸趣；佛法的本質是沒有任何基礎意識，超越眼、耳、鼻、舌、身、意；佛法的本質是無高等和下等的；佛法的本質是常住不動的；佛法是超越一切實地去觀察的。啊，大目犍連！真實的佛法就是這樣，又怎麼能夠講說呢？要知道，**說法的人，根本無法將佛法完全說明，亦根本無法將佛法完全教示；而聽法的人，也根本無法將佛法完全聽聞及完全了得**，就像一位魔術師對所變化出來的幻人教佛法一樣。故建議你教佛法時應注意這些。同時，應當熟知眾生的根器

佛告大迦葉：「汝行詣維摩詰問疾。」

迦葉白佛言：「世尊！我不堪任詣彼問疾。所以者何？憶念我昔，於貧里而行乞，時維摩詰來謂我言：『唯，大迦葉！有慈悲心而不能普捨豪

有利有鈍，正確洞察瞭解他們，便可無所障礙，施以大悲心來向他們讚歎大乘解脫道路，努力使佛法僧三寶傳承綿延永不中斷，懷著這態度，才適宜宣說佛法。』維摩詰這樣論說佛法的時候，廣場中有八百位居士發了無上正等正覺心。而我沒有這樣的辯才，所以無法勝任前去探病的任務。」

於是世尊對大迦葉說：「你去探望一下維摩詰的病情吧。」

大迦葉回答佛說：「世尊！我恐怕不能去探望他的病情。為什麼呢？記得過往，有一天我在貧苦百姓家乞食，當時，維摩詰走來對我說：『喂，大迦葉！你有慈悲心但卻未能普施於一切眾生。**你避開到富人區，喜歡到貧民區**。迦葉！**你應保持平等**

富，從貧乞。迦葉！住平等法，應次行乞食；為不食故，應行乞食；為壞和合相故，應取揣食；為不受故，應受彼食；以空聚想，入於聚落；所見色與盲等，所聞聲與響等，所嗅香與風等，所食味不分別，受諸觸如智證，知諸法如幻相；無自性，無他性；本自不然，今則無滅。迦葉！若能不捨八邪、入八解脫，以邪相入正法；以一食施一切，供養諸佛，及眾賢聖，然後可食；如是食者，

一如的原則，有次序地輪流到各區行乞。比丘行乞並不是為自己吃飯，而取揣食（以手握食為丸而食之也。是印度人之食法，指欲界中一切之食物。）是為了破壞和合之色身；比丘行乞是為了不受後有的生死之身，才接受眾生的食物供養；比丘入於村莊聚落行乞是心持空相；對所見到的世間形色，如無所見的盲人；對所聽到的一切聲音，實際上都是一種空谷回音，對所嗅到的一切香味，**不作香氣臭氣的分別，自然皆如同清風拂面一般自在安然**；對嘗到的一切滋味，不隨自己的主觀去分別；對所受到冷暖澀滑等觸覺，不生苦樂等分別感受，則如同已得漏盡智、無生智。深知世間一切事物如幻非實，沒有自性，也沒有他性；真如法性本來就不是

非有煩惱，非離煩惱；非入定意，非起定意；非住世間，非住涅槃。』」

佛告須菩提：「汝行詣維摩詰問疾。」

須菩提白佛言：「世尊！我不堪任詣彼問疾。所以者何？憶念我昔，入其舍，從乞

一種真實的存在，所以現在也不會有彼事滅。迦葉！如果不能摒棄八邪而入於八種解脫，從而以邪相入於正法；**能以一食遍施一切眾生、供養十方諸佛及眾聖賢，若能做到這樣，你就可以進食了**。如果能夠以這樣心境乞食、進食，就能夠做到**既無煩惱，又不離充滿煩惱的世間**；既無入定之念，又無出定之意；既不像眾生住於生死輪迴，又不像二乘住於涅槃。』」

世尊對須菩提說：「你去探望一下維摩詰的病情吧。」

須菩提回答佛說：「世尊！我恐怕不能去探望他的病情。為什麼呢？記得過往，有一天我到維摩詰的家去乞食，他拿了我的鉢，並盛滿了飯菜，對

食，時維摩詰取我鉢，盛滿飯，謂我言：『唯，須菩提！若能於食等者，諸法亦等，諸法等者，於食亦等；如是行乞，乃可取食。若須菩提不斷婬怒癡，亦不與俱；不壞於身，而隨一相；不滅癡愛，起於明脫；以五逆相而得解脫，亦不解不縛；不見四諦，非不見諦；非得果，非不得果；非凡夫，非離凡夫法；非聖人，非不聖人；雖成就一切法，而離諸法相，乃可取食。若須菩提不見

我說：『喂，須菩提！對於施者供養的各種食物，如果能作平等想，那麼一切諸法也就沒有差別了；**如果能以平等心看待一切諸法，那麼對於乞食也就不作分別想了；如果能以這一種態度乞食，才可以取食**。須菩提若明白**不要刻意斷除淫欲、瞋怒、愚癡三毒，也不要為這些煩惱所纏縛**，是要以不破壞身體的差別相，體悟到諸法是平等一相；不用等到愚癡貪愛滅盡就能了得解脫；甚至是犯五逆重罪之身，同樣也可以解脫，解脫是不受五逆纏縛的；不刻意追求苦集滅道四諦，又對苦集滅道有真切的證悟；是不住果位，又能證得果位；**不刻意脫離凡俗，又不同一般凡夫俗子；不刻意追求成聖成佛，又能達到聖人的境界**；既能成就一切諸法，但又不

佛，不聞法，彼外道六師：富蘭那迦葉、末伽梨拘賒梨子、刪闍夜毘羅胝子、阿耆多翅舍欽婆羅、迦羅鳩馱迦旃延、尼犍陀若提子等，是汝之師。因其出家，彼師所墮，汝亦隨墮，乃可取食。若須菩提入諸邪見，不到彼岸；住於八難，不得無難；同於煩惱，離清淨法；汝得無諍三昧，一切眾生亦得是定；其施汝者，不名福田；供養汝者，墮三惡道；為與眾魔共一手作諸勞侶，汝與眾魔，

於諸法著取相著念，那麼才可以取食。如果須菩提不曾見佛，不曾從聽聞佛法，那些外道六師─富蘭那迦葉、末伽梨拘賒梨子、刪闍夜毗羅胝子、阿耆多翅舍欽婆羅、迦羅鳩馱迦旃延、尼犍陀若提子之輩，做你的師匠，你跟隨他們出家，**他們若墮於惡道的時候，你也願隨他們墮於惡道的話，那麼才可以取食**。須菩提，若是你不怕浸淫於種種邪見，不怕不能到菩提彼岸；若是你不怕置身於八難障道，不怕不離八難難得人身；如果**你不怕同投於煩惱中，不怕遠離寂滅清淨法**；若是你可得與一切世人都無諍的三昧定力，也願一切眾生也可得此三昧定力；若是對那些向你布施的人不作種福田想；供養你的人甚至會墮於三惡道；親近諸佛道不會遠離諸

及諸塵勞，等無有異；於一切眾生而有怨心，謗諸佛、毀於法，不入眾數，終不得滅度。汝若如是，乃可取食。』時我，世尊！聞此語茫然，不識是何言？不知以何答？便置鉢欲出其舍。維摩詰言：『唯，須菩提！取鉢勿懼。於意云何？如來所作化人，若以是事詰，寧有懼不？』我言：『不也！』維摩詰言：『一切諸法，如幻化相，汝今不應有所懼也。所以者何？一切言說不離是相；

魔障，佛與眾魔無二，你與眾魔，以及諸塵煩惱沒有差別；若是你在眾生中求佛法而有憎怨心（**佛法在眾生中求**），這就是謗佛、毀法，不入眾生親近教化，因此而不能取證涅槃。若是你這樣做的話，那麼才可以取食。』世尊，我聽到維摩詰這樣說，實在是一片茫然，不知他說的是什麼？也不知怎樣對答？只好把鉢放下，想趕緊走出維摩詰的家門。不料維摩詰又對我說：『喂，須菩提！不用畏懼，拿走你的鉢吧！你覺得怎麼樣呢？假設是如來世尊化作某人，來對你說這番言論的話，你也會畏懼嗎？』我回答他說：『不會！』維摩詰再說：『**世間一切事物，都不過是如同這樣的幻化之相，你根本無須畏懼的**。為什麼呢？**一切語言所能表達的東**

至於智者，不著文字，故無所懼。何以故？文字性離，無有文字，是則解脫；解脫相者，則諸法也。』維摩詰說是法時，二百天子得法眼淨，故我不任詣彼問疾。」

佛告富樓那彌多羅尼子：「汝行詣維摩詰問疾。」

富樓那白佛言：「世尊！

西，**都是離不了這種幻化之相**，只有智者由於不著語言文字，也就破除幻相的束縛而得解脫，故而無所畏懼。為何他們沒有畏懼的心情呢？因**語言文字所代表的現象都無自性，會隨着人的錯覺顛倒，會把實相轉化成妄相，文字本性就是背離法之實相**。如能拋棄文字的執着，也就是解脫了，解脫的本質也就是一切諸法的實相。』就在維摩詰這樣說法的時候，有兩百位天子得了能觀萬物、沒有阻礙或污垢的清淨法眼。所以我無法勝任前去探病的任務。」

於是世尊對富樓那彌多羅尼子說：「你去探望一下維摩詰的病情吧。」

富樓那回答佛說：「世尊！我恐怕不能去探望

我不堪任詣彼問疾。所以者何？憶念我昔於大林中，在一樹下為諸新學比丘說法。時維摩詰來謂我言：『唯，富樓那！先當入定，觀此人心，然後說法。無以穢食置於寶器，當知是比丘心之所念，無以琉璃同彼水精。汝不能知眾生根源，無得發起以小乘法。彼自無瘡，勿傷之也；欲行大道，莫示小徑；無以大海，內於牛跡；無以日光，等彼螢火。富樓那！此比丘久發大乘心，中忘此意，

他的病情。為什麼呢？記得過往，有一天我在大森林中的一棵樹下，給新近出家的比丘們說法。這時，維摩詰走來對我說：『喂，富樓那！**說法要機教相應，所以在說法前，你應先入定觀察了解他們是何等機根，然後才對機說法**。不要把腐爛的食物放進鑲著珠寶的食具中啊。你知道這些新學比丘的心智傾向嗎？**切莫把琉璃之寶當成一般的水晶**呀。**你沒有檢驗過眾生的智慧機根，就不要隨便用小乘之法去啟發他們了**。就好像本來沒有創傷，卻硬要貼上什麼膏藥，豈不添加傷害嗎？想要他們踏上康莊大道，就不要指示羊腸小徑給他們走；想要水能投入大海，就不要將傾注在牛蹄踩出來的坑中；不要將耀眼的日光視同螢火之光啊。富樓那！這些比

如何以小乘法而教導之？我觀小乘智慧微淺，猶如盲人，不能分別一切眾生根之利鈍。』時維摩詰即入三昧，令此比丘自識宿命，我念聲聞不觀人根，不應說法，是故不任詣彼問疾。」

佛告摩訶迦旃延：「汝行詣維摩詰問疾。」

迦旃延白佛言：「世尊！我不堪任詣彼問疾。所以者何？憶念昔者，佛為諸比丘略

丘很早以前都已發大乘道心，只是現在忘記了初衷，你怎麼能用小乘法去教他們呢？在我看來，小乘法的智慧還是比較淺薄了一點，猶如瞎子摸象一般，無從全面識別一切眾生機根的利鈍。』當維摩詰居士說完這些話後，隨即入定，使這些比丘憶起他們的過去世。這讓我認識到，**不懂了解眾生機根的聲聞是沒有能力教別人佛法的**。所以我無法勝任前去探病的任務。」

於是世尊對大迦旃延說：「你去探望一下維摩詰的病情吧。」

迦旃延回答佛說：「世尊！我恐怕不能去探望他的病情。為什麼呢？記得過往，有一天在佛陀給比丘們略說法要之後，我隨即把教義加以闡述，說

說法要，我即於後，敷演其義，謂無常義、苦義、空義、無我義、寂滅義。時維摩詰來謂我言：『唯，迦旃延！無以生滅心行，說實相法。迦旃延！諸法畢竟不生不滅，是無常義；五受陰，洞達空無所起，是苦義；諸法究竟無所有，是空義；於我、無我而不二，是無我義；法本不然，今則無滅，是寂滅義。』說是法時，彼諸比丘心得解脫。故我不任詣彼問疾。」

明『無常』、『苦』、『空』、『無我』、『寂滅』等義理。這時，維摩詰走來對我說：『喂，迦旃延！不要以因緣所生法，是有生有滅、有聚有散的分別心，來解釋如來的諸法實相。迦旃延！**諸法本來畢竟不生，也不滅**，這是無常的真實義；洞察五蘊是空從無所起，這是空的真實義；諸法畢竟無所有，這是空的真實義；**明白「我」與「無我」的觀念，原本無二無別，這才是真正「無我」的意義**；一切法原無一物，現在也無所謂散滅，這才是所謂的「真寂滅」啊。』他這樣說法的時候，比丘們的心智都由束縛裡獲得解脫了。所以我無法勝任前去探病的任務。」

佛告阿那律：「汝行詣維摩詰問疾。」

阿那律白佛言：「世尊！我不堪任詣彼問疾。所以者何？憶念我昔於一處經行，時有梵王，名曰嚴淨，與萬梵俱，放淨光明，來詣我所，稽首作禮問我言：『幾何阿那律天眼所見？』我即答言：『仁者！吾見此釋迦牟尼佛土三千大千世界，如觀掌中菴摩勒果。』時維摩詰來謂我言：『唯，阿那律！天眼所見，為作相耶？

於是世尊對阿那律說：「你去探望一下維摩詰的病情吧。」

阿那律回答佛說：「世尊！我恐怕不能去探望他的病情。為什麼呢？記得過往，有一天我正在散步唸經時，嚴淨大梵天與成千上萬的天人一起來到我的經行處，他們通體發放著光輝，在頭頂我足之後便說：『阿那律，你的天眼能看多遠呢？』我便回答說：『大德！以我的天眼看釋迦牟尼佛所統化的三千大千世界，就好像一般人看手掌中的庵摩勒果（石榴）一樣。』這時，維摩詰走來對我說：『喂，阿那律！你天眼所見的，到底是**心意造作出來的景像呢，還是不經心意造作出的景像呢？如果是造作出來的景像，那就如外道所作的五神通一**

無作相耶？假使作相，則與外道五通等；若無作相，即是無為，不應有見。』世尊！我時默然。彼諸梵聞其言，得未曾有！即為作禮而問曰：『世孰有真天眼者？』維摩詰言：『有佛、世尊，得真天眼，常在三昧，悉見諸佛國，不以二相。』於是嚴淨梵王及其眷屬五百梵天，皆發阿耨多羅三藐三菩提心，禮維摩詰足已，忽然不現！故我不任詣彼問疾。」

樣；如果不是生滅造作的景像，那就是無為法，既然是無為法，那是不可能被看見的。』世尊！我當時無言以對，而大梵天和那些天人聽了他這樣的說法，都覺得大開了眼界！隨即向他行禮問道：『那麼，世界上誰有真正的天眼呢？』維摩詰回答：『大覺世尊得真天眼，**佛經常處於三昧禪定中，便可徹見所有的佛土，森羅萬象，同一真如，是無所不見與無所見的不二相。』**於是，嚴淨大梵天及其所率部眾五百天人，都發心求無上正等正覺，行頭頂維摩詰足的敬禮後，便忽然消失了！所以我無法勝任前去探病的任務。」

佛告優波離：「汝行詣維摩詰問疾。」

優波離白佛言：「世尊！我不堪任詣彼問疾。所以者何？憶念昔者，有二比丘犯律行，以為恥，不敢問佛，來問我言：『唯，優波離！我等犯律，誠以為恥，不敢問佛，願解疑悔，得免斯咎！』我即為其如法解說。時維摩詰來謂我言：『唯，優波離！無重增此二比丘罪！當直除滅，勿擾其心。所以者何？彼罪性不在內、

於是世尊對優波離說：「你去探望一下維摩詰的病情吧。」

優波離回答佛說：「世尊！我恐怕不能去探望他的病情。為什麼呢？記得過往，有一天有兩位比丘犯戒之後，甚為羞愧，不敢面見世尊，於是前來問我，說：『喂，優波離！我們兩人犯了戒律，深以為恥，不敢向佛陀請教懺悔的方法，但願你給我們開示，以解除我們心中的疑慮，免得我們悔咎一生啊！』於是我便依據戒律的守則向他們解說。這時，維摩詰走來對我說：『喂，優波離！不要再加重這兩位比丘的罪咎感了！你應該直接消除他們的悔恨，不要紛擾攪亂他們的懺悔心。為什麼呢？因為**罪過的本質不存在於個人之內，不存在於他人**

不在外、不在中間，如佛所說，心垢故眾生垢，心淨故眾生淨。心亦不在內、不在外、不在中間，如其心然，罪垢亦然，諸法亦然，不出於如。如優波離，以心相得解脫時，寧有垢不？』我言：『不也！』維摩詰言：『一切眾生心相無垢，亦復如是。唯，優波離！妄想是垢，無妄想是淨；顛倒是垢，無顛倒是淨；取我是垢，不取我是淨。優波離！一切法生滅不住，如幻如電，諸法不相待，乃至

之外，不存在於個人與他人之間。正如佛所說的，心中有垢染，因此眾生所見便是污垢，心中清淨了，眾生所見便是清淨。心的本質同樣既不存在於個人之內，不存在於他人之外，不存在於個人與他人之間，如果心念消滅，罪垢也亦消滅，一切諸法也都是同樣的實相。就拿優波離來說吧，假如你以斷除愛見煩惱而得心相解脫了，那時在你心中還覺會有垢染嗎？』我回答他說：『不會！』維摩詰便說：『一切眾生的心相覺有無污垢，也是一樣。優波離啊！**有妄念是垢染，無妄念是清淨；有顛倒是垢染，無顛倒是清淨；有取捨我見是污垢，無取捨我見是清淨**。優波離啊！諸法不停生滅、念念不住，如夢幻如閃電般的剎那變化，**諸法並非先有滅**

一念不住；諸法皆妄見，如夢、如炎、如水中月、如鏡中像，以妄想生。其知此者，是名奉律；其知此者，是名善解。』於是二比丘言：『上智哉！是優波離所不能及，持律之上而不能說。』我即答言：『自捨如來，未有聲聞及菩薩，能制其樂說之辯，其智慧明達，為若此也！』時二比丘疑悔即除，發阿耨多羅三藐三菩提心，作是願言：『令一切眾生皆得是辯。』故我不任詣彼問疾。」

而後有生，二者相待而存在，每一念根本無一瞬間暫住；萬物都是依幻想妄念而得見的，皆如夢中境、火中焰、水中月、鏡中影，它們皆是由虛妄分別而產生的。任何人只要懂得這個道理，就是戒律的真正奉行者；任何人只要懂得這個道理，就是最善於解釋佛教戒律者。』於是那兩位比丘稱讚維摩詰說：『真是無上的智慧！這連優波離也遠遠不能及，他持戒第一卻說不出這種道理來。』我隨即回答：『是的，維摩詰的辯才，除了如來之外，沒有任何聲聞或菩薩能比得上他了，他的辯論充滿法喜，可見他的智慧已經通達到了何等程度啊！』那時，兩位比丘從疑慮不安中解脫，發心追求無上正等正覺，並立下誓願：『希望一切眾生都有這樣的辯才。』所以我無法勝任前去探病的任務。」

佛告羅睺羅：「汝行詣維摩詰問疾。」

羅睺羅白佛言：「世尊！我不堪任詣彼問疾。所以者何？憶念昔時，毘耶離諸長者子來詣我所，稽首作禮，問我言：『唯，羅睺羅！汝佛之子，捨轉輪王位，出家為道。其出家者，有何等利？』我即如法為說出家功德之利。時維摩詰來謂我言：『唯，羅睺羅！不應說出家功德之利。所以者何？無利無功德，是為出家；

於是世尊對羅睺羅說：「你去探望一下維摩詰的病情吧。」

羅睺羅回答佛說：「世尊！我恐怕不能去探望他的病情。為什麼呢？記得過往，有一天在毗耶離城中的許多富家子弟來到我的住所，向我行禮並對我說：『喂，羅睺羅！你是世尊的兒子，放棄了做轉輪聖王的機會而去出家，那麼出家究竟有什麼功德和利益呢？』我於是按照佛的教導向他們講關於出家的功德和利益。這時，維摩詰走來對我說：『喂，羅睺羅！你不應該說出家的功德和利益。為什麼呢？因**出家的本意不是求功德和利益的**。對有為有目的者的做法，才會演說功德和利益。可是**真正的出家者，不會有目的是無為的做法**，既是無為

有為法者，可說有利有功德。夫出家者，為無為法，無為法中，無利無功德。羅睺羅！出家者，無彼無此，亦無中間；離六十二見，處於涅槃；智者所受，聖所行處；降伏眾魔，度五道，淨五眼，得五力，立五根；不惱於彼，離眾雜惡；摧諸外道，超越假名；出淤泥，無繫著；無我所，無所受；無擾亂，內懷喜；護彼意，隨禪定，離眾過。若能如是，是真出家。』於是維摩詰語諸長者

的做法，則當然是沒有功德和利益了。羅睺羅啊！**真正出家修行的人，既不貪圖涅槃彼岸，也不厭棄此生世間，也不滯留於彼此之間；**真正出家修行的人，他們會遠離外道六十二種邪見，以達到涅槃境界；這是一切智者所受持和聖人所奉行的；他們會克服種種魔障，以度濟地獄、餓鬼、畜生、修羅、人等五道眾生，以修清淨肉眼、天眼、慧眼、法眼、佛眼等五眼，以得信力、勤力、念力、定力、慧力等五種修持力，以確立信根、勤根、念根、定根、慧根等五根；真正出家修行的人，他們不會因世間的事和人而苦惱，無煩雜之心，不造眾惡；真正出家修行的人，他們會摧折外道邪執，**超越一切假名施設的幻相；真正出家修行的人，他們在世雖如蓮花出於污泥，但不會受到世間的事和人所牽累**

子：『汝等於正法中，宜共出家。所以者何？佛世難值！』諸長者子言：『居士！我聞佛言，父母不聽，不得出家。』維摩詰言：『然！汝等便發阿耨多羅三藐三菩提心，是即出家，是即具足。』爾時三十二長者子皆發阿耨多羅三藐三菩提心，故我不任詣彼問疾。」

束縛；真正出家修行的人，他們會達到無我無別的地步，無所欲求的層面；不受外界紛亂的干擾，內心懷著得法的喜悅；他們會護持眾生的心意，以禪定隨緣任運，遠離眾惡過失。如果能夠這樣做，才是真正的出家。』之後，維摩詰便對那些富家子弟說：『你等正值佛陀住世的正法時期，你們應趁機共同出家。為什麼呢？因佛住世的時機不是輕易可以遇得的。』那些富家子弟說：『居士！我們聽佛陀說過，父母若不同意，不能出家的。』維摩詰回答說：『對的！那你們便竭力培養自己發心求無上正等正覺，這樣也如同出家，也可以具足出家修持。』那時候，就有三十二位富家子弟皆發心求無上正等正覺了。所以我無法勝任前去探病的任務。」

佛告阿難：「汝行詣維摩詰問疾。」

阿難白佛言：「世尊！我不堪任詣彼問疾。所以者何？憶念昔時，世尊身小有疾，當用牛乳，我即持鉢，詣大婆羅門家門下立。時維摩詰來謂我言：『唯，阿難！何為晨朝，持鉢住此？』我言：『居士！世尊身小有疾，當用牛乳，故來至此。』維摩詰言：『止，止！阿難！莫作是語！如來身者，金剛之體，諸惡已斷，眾善普會，當有何疾？當有何

於是世尊對阿難說：「你去探望一下維摩詰的病情吧。」

阿難回答佛說：「世尊！我恐怕不能去探望他的病情。為什麼呢？記得過往，有一天世尊身體微恙，需要喝點牛奶，我便拿著鉢到一家大婆羅門下等待施食。這時，維摩詰走來對我說：『喂，阿難！為什麼這麼早就持鉢在此呢？』我回答：『居士！世尊身體微恙，需要喝點牛奶，故而在此。』維摩詰便說：『且慢，且慢！阿難！你不要這麼說話！因為如來有金剛不壞之身，已斷一切惡業，匯集種種善業，怎麼可能生病？怎麼可能苦惱？悄悄地回去算了，阿難！不要誹謗世尊，不要讓那些異端外道聽到這番不敬的話；更不要讓大威德的眾梵天

惱？默往，阿難！勿謗如來，莫使異人聞此麁言；無令大威德諸天，及他方淨土諸來菩薩得聞斯語。阿難！轉輪聖王，以少福故，尚得無病，豈況如來無量福會普勝者哉！行矣，阿難！勿使我等受斯恥也。外道、梵志，若聞此語，當作是念：「何名為師？自疾不能救，而能救諸疾？」仁可密速去，勿使人聞。當知，阿難！諸如來身，即是法身，非思欲身。佛為世尊，過於三界；佛身無漏，諸漏已盡；佛身無為，不

和他方淨土來的眾菩薩聽到你這番說話。阿難！轉輪聖王因行十善所積的小福，尚且能免於疾病，更何況有著無量福德的世尊，怎麼會有任何疾病呢？趕快回去吧，阿難！不要使我們蒙受這種恥辱。如果讓那些外道梵志們聽到你這麼說，他們一定這麼想：『這還算稱得上是世間的導師嗎？自己的病也不能救治，那他怎能救治別人的病呢？』還是快悄悄離開，別讓他人聽見了。阿難啊！你應當知道，**一切如來皆為法性的身體，而非妄想顛倒五欲的身軀；佛是世間的至尊，超越三界的眾生；佛身沒有一切造作，是無漏無為的**；這樣沒有一切不淨因素的身體，怎麼可能生病？怎麼可能苦惱？』世尊！那時我實在非常的慚愧，我懷疑自己是否隨侍佛陀

墮諸數。如此之身，當有何疾？當有何惱？』時我，世尊！實懷慚愧，得無近佛而謬聽耶！即聞空中聲曰：『阿難！如居士言。但為佛出五濁惡世，現行斯法，度脫眾生。行矣，阿難！取乳勿慚。』世尊！維摩詰智慧辯才，為若此也。是故不任詣彼問疾。」

如是五百大弟子各各向佛說其本緣，稱述維摩詰所言，皆曰：「不任詣彼問疾！」

時聽錯誤解了。可是忽然空中傳來聲音說：『阿難！居士所說都是真實的。不過，因為佛在五濁惡世中現身，他為了方便救度眾生，才隨緣示現疾病的。所以，阿難！你不必羞慚，取些乳回去。』世尊！維摩詰有如此高超的智慧與辯才。所以我無法勝任前去探病的任務。」

同樣地，其他五百聲聞弟子也各自講出過往與維摩詰交談的經歷，皆說：「我無法勝任前去探病的任務！」

第04品　菩薩品第四

維摩詰為何要將瓔珞一份佈施給乞丐，
另一份供養給如來？

【釋題】

佛又派四名菩薩乘弟子代表問疾，因為聲聞乘人不敢承當問疾之重任，於是佛陀派遣大菩薩去探維摩詰居士的病。

【要義】

本品中佛遣彌勒、光嚴、持世、善德等菩薩前往問疾，他們推辭不敢前去問疾。每一位菩薩各自講出他們跟維摩詰居士的一段因緣，因為維摩詰居士的智慧非常高，辯才無礙，每一位菩薩對他都甘拜下風，所以不能勝任這個任務。

於是佛告彌勒菩薩：「汝行詣維摩詰問疾。」

彌勒白佛言：「世尊！我不堪任詣彼問疾。所以者何？憶念我昔為兜率天王及其眷屬，說不退轉地之行。時維摩詰來謂我言：『彌勒！世尊授仁者記，一生當得阿耨多羅三藐三菩提。為用何生，得受記乎？過去耶？未來耶？現在耶？若過去生，過去生已滅；若未來生，未來生未至；若現在生，現在生無住。如佛所

於是世尊對彌勒菩薩說：「你去探望一下維摩詰的病情吧。」

彌勒回答佛說：「世尊！我恐怕不能去探望他的病情。為什麼呢？記得過往，有一天我正和兜率天王及其隨行的眾天人談論修習菩薩行的不退轉法。那時，維摩詰走來對我說：『彌勒！世尊曾為你授記，預言你再過一生即可得無上正等正覺。不知道你是以哪一生來成就佛的預言呢？是過去生呢？現在生呢？還是未來生呢？如果你以過去生授記，則過去已經結束；如果你以未來生授記，則未來永未到來；如果你以現在生，則現在瞬即消逝，就如佛所說：「**比丘！你在現在的每一瞬間，你都處於出生，變老，死亡中。」如果你以無生授記，**

說：「比丘！汝今即時，亦生亦老亦滅。」若以無生得受記者，無生即是正位，於正位中，亦無受記，亦無得阿耨多羅三藐三菩提，云何彌勒受一生記乎？為從如生得受記耶？為從如滅得受記耶？若以如生得受記者，如無有生；若以如滅得受記者，如無有滅。一切眾生皆如也，一切法亦如也，眾聖賢亦如也，至於彌勒亦如也。若彌勒得受記者，一切眾生亦應受記。所以者何？夫如者不

無生本身也就是名符其實的成佛之位了，既然已處於正位，何須授記，亦無須得無上正等正覺，還何必說彌勒再下一生成佛的預言呢？成佛的預言究竟是依從真如生而得，還是依從真如滅而得呢？若是依從真如而得授記，真如本無有生；若是依從真如滅而得授記，真如也本無所謂滅。**一切眾生也都是真如的體現，一切現象也都是真如的體現，一切聖賢也都是真如的體現**，甚至彌勒你也都是也都是真如的體現。如果彌勒你因此而得佛授記的話，則一切眾生亦應因此而得到授記，為什麼呢？那是因為真如是不二的，如果彌勒你這樣獲得無上正等正覺，那麼一切眾生也應可這樣獲得無上正等正覺了。為什麼呢？因為**一切眾生本身就具菩提相**。如

二不異，若彌勒得阿耨多羅三藐三菩提者，一切眾生皆亦應得。所以者何？一切眾生即菩提相。若彌勒得滅度者，一切眾生亦應滅度。所以者何？諸佛知一切眾生畢竟寂滅，即涅槃相，不復更滅。是故，彌勒！無以此法誘諸天子，實無發阿耨多羅三藐三菩提心者，亦無退者。彌勒！當令此諸天子，捨於分別菩提之見。』」

佛告光嚴童子：「汝行詣維摩詰問疾。」

果彌勒你能得入滅度的話，則一切眾生也能得入滅度。為什麼呢？因為諸佛深知一切眾生最終都會歸空寂滅，即本深具涅槃相，就不會有再入滅。因此，彌勒啊！不要以此不退轉法去誘導諸眾天人吧，**實際上根本無所謂發菩提心的人，也無所謂由發菩提心而退轉的人**。彌勒！你應該指導這些天人捨棄是否覺悟得道的分別見。』」

於是世尊對光嚴童子說：「你去探望一下維摩詰的病情吧。」

光嚴白佛言：「世尊！我不堪任詣彼問疾。所以者何？憶念我昔出毘耶離大城，時維摩詰方入城，我即為作禮而問言：『居士從何所來？』答我言：『吾從道場來。』我問：『道場者何所是？』答曰：『直心是道場，無虛假故；發行是道場，能辦事故；深心是道場，增益功德故；菩提心是道場，無錯謬故；布施是道場，不望報故；持戒是道場，得願具故；忍辱是道場，於諸眾生心

光嚴回答佛說：「世尊！我恐怕不能去探望他的病情。為什麼呢？記得過往，有一天我正要由毗耶離大城出去，而維摩詰恰好進城。我即向他行禮問道：『維摩詰居士，你從哪裡來呀？』他答說：『我從道場來。』我就問：『道場是什麼樣的呢？』他回答我說：『正直的一念心就是道場，因為它無人為虛假；發心與行動就是道場，因為它能成就事情；深厚的信心就是道場，因為它能增長功德利益；菩提心就是道場，因為不會有謬誤；布施就是道場，因為它不期望回報；守持戒律就是道場，因為一切誓願均得具足；忍辱就是道場，因為會能悲憫眾生故心無恚礙；精進就是道場，因為會努力不懈無退步；禪定就是道場，因為它能調整心變

無礙故；精進是道場，不懈退故；禪定是道場，心調柔故；智慧是道場，現見諸法故；慈是道場，等眾生故；悲是道場，忍疲苦故；喜是道場，悅樂法故；捨是道場，憎愛斷故；神通是道場，成就六通故；解脫是道場，能背捨故；方便是道場，教化眾生故；四攝是道場，攝眾生故；多聞是道場，如聞行故；伏心是道場，正觀諸法故；三十七品是道場，捨有為法故；諦是道場，不誑世間

得柔和；智慧就是道場，因為它能如實正觀諸法實相；慈就是道場，因為它能平等濟度一切眾生；悲就是道場，因為它能拔除眾生的苦；喜是道場，因為它能見眾生禪悅法喜；捨是道場，因為它能斷捨憎愛；神通是道場，因為它能成就六種神通；解脫是道場，因為它捨棄一切煩惱；方便是道場，因為它能隨機教化眾生；四攝是道場，因為它能攝化一切眾生；多聞是道場，因為它能多聞博記且如法修行；伏心是道場，因為它能攝伏妄心、正觀諸法；三十七品是道場，因為它能捨棄一切有為法；諦是道場，因為它能顯示世間真相；緣起是道場，因為它能明了無明至老死都是無盡緣起的；眾生是道場，因為它能知曉諸法無我；一切法是道場，因為

故；緣起是道場，無明乃至老死皆無盡故；諸煩惱是道場，知如實故；眾生是道場，知無我故；一切法是道場，知諸法空故；降魔是道場，不傾動故；三界是道場，無所趣故；師子吼是道場，無所畏故；力、無畏、不共法是道場，無諸過故；三明是道場，無餘礙故；一念知一切法是道場，成就一切智故。如是，善男子！菩薩若應諸波羅蜜教化眾生，諸有所作，舉足下足，當知皆從道

通過它能了知一切法都是空無自性的；降魔是道場，因為通過它能顯示道心不可動搖；三界是道場，因為成道非於三界外而另有所趣；師子吼是道場，因為它是無所畏懼的；力、無畏、不共法是道場，因為它已遠離一切過失；三明是道場，因為它已斷除一切煩惱；一念知一切法是道場，因為它了知一切，成就佛智。如果能這樣，善男子！**菩薩如果能夠依據六波羅蜜教化眾生，那麼其一切作為，行住坐臥，都是道場，安住在佛法中！**』維摩詰居士說此法時，五百天人發無上正等正覺心。所以，我無法勝任前去探病的任務。」

場來，住於佛法矣！』說是法時，五百天、人皆發阿耨多羅三藐三菩提心。故我不任詣彼問疾。」

佛告持世菩薩：「汝行詣維摩詰問疾。」

持世白佛言：「世尊！我不堪任詣彼問疾。所以者何？憶念我昔，住於靜室，時魔波旬，從萬二千天女，狀如帝釋，鼓樂絃歌，來詣我所。與其眷屬，稽首我足，合掌恭敬，於一面立。我意謂是帝釋，而語

於是世尊對持世菩薩說：「你去探望一下維摩詰的病情吧。」

持世回答佛說：「世尊！我恐怕不能去探望他的病情。為什麼呢？記得過往，有一天我正在家中打坐入定，魔王波旬假裝成帝釋，帶領著一萬二千名天女圍繞著他，伴著音樂和歌聲，來到我的面前。他以頭頂我足，合掌行禮之後，便和隨眾站在一旁。我還以為他是帝釋，於是就對他說：『歡迎你來啊，憍尸迦！雖然你有福德可以這樣的享受，

之言：『善來憍尸迦！雖福應有，不當自恣。當觀五欲無常，以求善本，於身命財而修堅法。』即語我言：『正士！受是萬二千天女，可備掃灑。』我言：『憍尸迦！無以此非法之物要我沙門釋子，此非我宜。』所言未訖，時維摩詰來謂我言：『非帝釋也，是為魔來嬈固汝耳！』即語魔言：『是諸女等，可以與我，如我應受。』魔即驚懼，念：『維摩詰將無惱我？』欲隱形去，而

卻也不該恣意地放縱自己，應該要知道，色、聲、香、味、觸這些欲望是無常的道理，還是積極尋求功德善本，經常修習佛法作為出世間法身、慧命、法財三堅法之根本。』魔王波旬卻對我說：『正義的朋友！願你接受我這一萬二千名天女，讓她們為你灑掃庭院，侍候你左右吧。』我便回答：『憍尸迦！莫強加給我違反佛法的事物，我是追隨釋迦門下的修行者，這對於我是不合宜的。』我的話尚未說完，這時，維摩詰突然出現並對我說：『他不是帝釋天王，而是魔王波旬，天女是魔王派來擾亂你心志的！』隨即就對魔王說：『這些天女全部給與我吧，我這樣的人應可以接受的。』魔王即刻陷入驚惶恐懼之中，心想：『維摩詰不會是故意為難我

不能隱；盡其神力，亦不得去。即聞空中聲曰：『波旬！以女與之，乃可得去。』魔以畏故，俛仰而與。

爾時維摩詰語諸女言：『魔以汝等與我，今汝皆當發阿耨多羅三藐三菩提心。』即隨所應而為說法，令發道意。復言：『汝等已發道意，有法樂可以自娛，不應復樂五欲樂也。』天女即問：『何謂法樂？』答言：『樂常信佛，樂

的吧？』於是想要隱身而去，可是卻無法隱蔽其身，但儘管他用盡所有的魔法也不能溜走。這時空中傳來聲音說：『波旬！留下天女給維摩詰，你才可脫身離去。』於是魔王因為害怕的緣故，便逼不得已把天女送給維摩詰。

那時，維摩詰就對那些天女們說：『魔王已將你們送給我了，從現在起，妳們應該發心尋求無上正等正覺。』

接著便根據她們各自的根性和需要而為說法，啟發她們追求佛道的意念。然後就對她們說：『**妳們已經有了求佛道的意念，以後可專心尋求法喜裡的快樂，不應再由慾望裡得到快樂了。**』她們就問：『什麼是法喜裡的快樂？』

欲聽法，樂供養眾，樂離五欲；樂觀五陰如怨賊，樂觀四大如毒蛇，樂觀內入如空聚；樂隨護道意，樂饒益眾生，樂敬養師；樂廣行施，樂堅持戒，樂忍辱柔和，樂勤集善根，樂禪定不亂，樂離垢明慧；樂廣菩提心，樂降伏眾魔，樂斷諸煩惱，樂淨佛國土，樂成就相好故，修諸功德；樂嚴道場；樂聞深法不畏；樂三脫門，不樂非時；樂近同學，樂於非同學中，心無恚礙；樂將護惡知識，

維摩詰回答說：『以信奉佛法為樂，以聽聞佛法為樂，以供養大眾為樂，以遠離色聲香味觸五欲為樂；以視五陰身如怨賊為樂，以視四大像毒蛇為樂，以內觀眼耳鼻舌身意是無人的聚落為樂；樂於隨時護持佛道心；樂於幫助眾生；樂於尊重供養善知識；樂於廣行布施；樂於堅持守戒；樂於忍辱自制；樂於殷勤為善積德；樂於專注禪定；樂於改過自身的習氣垢病；樂於使人人發菩提心；樂於降伏種種魔障；樂於解決一切煩惱；樂於淨化佛國土；樂於成就三十二相，八十種好的功德；樂於修習一切學佛的功德；樂於裝飾佈置學佛會場；樂於聽聞深奧法理而無畏怯；樂於以空、無相、無作為三種解脫法門；樂於在不適當的時機得著解脫；樂於

樂親近善知識；樂心喜清淨，樂修無量道品之法。是為菩薩法樂。』」

佛告長者子善德：「汝行詣維摩詰問疾。」

善德白佛言：「世尊！我不堪任詣彼問疾。所以者何？憶念我昔自於父舍設大施會，供養一切沙門、婆羅門，及諸外道、貧窮、下賤、孤獨、乞人。期滿七日，時維摩詰來入會中，謂我言：『長者子！夫

親近同修佛學的人；樂於與非同修佛學的人相處，且無懷芥蒂；樂於引導庇護惡知識；樂於親近善知識；樂於心境喜愛清淨；樂於修習大量助長悟道的佛法等。這些就是菩薩在法喜裡所得的快樂。』」

於是世尊對富家子善德說：「你去探望一下維摩詰的病情吧。」

善德回答佛說：「世尊！我恐怕不能去探望他的病情。為什麼呢？記得過往，有一天在我父親家中設置佈施大會，供養所有出家人、在家修行者、婆羅門教徒、外道、貧窮下賤人、鰥寡孤獨者與及乞丐等眾。在布施會期滿七天當日，維摩詰走來會中對我說：『長者子啊！真正的布施不是像你這樣舉辦的，你應該舉辦布施佛法的大會，舉辦布施財

大施會不當如汝所設，當為法施之會，何用是財施會為？』我言：『居士！何謂法施之會？』答曰：『法施會者，無前無後，一時供養一切眾生，是名法施之會。』曰：『何謂也？』『謂以菩提，起於慈心；以救眾生，起大悲心；以持正法，起於喜心；以攝智慧，行於捨心；以攝慳貪，起檀波羅蜜；以化犯戒，起尸羅波羅蜜；以無我法，起羼提波羅蜜；以離身心相，起毘梨耶

物的大會有什麼用呢？』我就問：『居士，怎樣才是真正的布施？』他回答：『真正的布施是要無始無終地一直供養一切眾生，而且只有財施還不夠，這就是法施大會。』我問：『這話怎麼講呢？』他說：『**法施是起源於慈心，因而發度眾生成佛的菩提心**；法施是起源於大悲心，因而要救度眾生；法施是起源於讓人持有正確的觀念；法施是行於捨無量心，以開啟眾生智慧；法施是起源於推行施波羅蜜，以攝化眾生遠離慳貪的法性；法施是起源於推行戒波羅蜜，以教化不要犯戒；**法施是起源於推行忍辱波羅蜜，以明白無分別我的法性**；法施是起源於推行精進波羅蜜，以脫離身心懈怠的態度；法施是起源於推行禪定波羅蜜，以達菩提覺悟的境界；

波羅蜜；以菩提相，起禪波羅蜜；以一切智，起般若波羅蜜。教化眾生，而起於空；不捨有為法，而起無相；示現受生，而起無作；護持正法，起方便力；以度眾生，起四攝法；以敬事一切，起除慢法；於身命財，起三堅法；於六念中，起思念法；於六和敬，起質直心；正行善法，起於淨命；心淨歡喜，起近賢聖；不憎惡人，起調伏心；以出家法，起於深心；以如說行，起於多聞；以

法施是起源於推行般若波羅蜜，以成就一切智慧。法施是教化一切眾生，了知一切諸法本性皆空；證得出世間的無為法而不捨有為法，入於諸法無相；以無作解脫門示現受生；以方便力護持正法；以布施攝、愛與攝、利行攝、同事攝四攝法，來教化度脫眾生；以消除我慢恭敬一切人，成一切事；以法身、慧命、法財三堅法，消除對世俗身命財的貪著；於念佛、念法、念僧、念施、念戒、念天之六念中生起正念；於修習身和同住、口和無諍、意和同事、戒和同修、見和同解、利和同均的六和敬中，生起質直誠實之心；用純正樸素的心態，正行善法，讓人生全過程中清淨，以歡喜的心，生起親近聖賢之意念；用慈悲德行去調伏惡人而不是憎恨

無諍法，起空閑處；趣向佛慧，起於宴坐；解眾生縛，起修行地；以具相好，及淨佛土，起福德業；知一切眾生心念，如應說法，起於智業；知一切法，不取不捨，入一相門，起於慧業；斷一切煩惱、一切障礙、一切不善法，起一切善業；以得一切智慧、一切善法，起於一切助佛道法。如是，善男子！是為法施之會。若菩薩住是法施會者，為大施主，亦為一切世間福田。』」

惡人；以對佛法的深切信仰去行無為法；聽聞佛法後依教如實奉行；常居於清淨空閑之處，與世無爭；以禪定調伏虛妄心念，趣向佛的智慧；以提高自己的道行為基礎，為眾生解除禪縛；以廣大之福德善業，得莊嚴法相及清淨佛土之果報；以智慧了知眾生之根機悟性，從而隨機攝化一切眾生；以般若智慧了知一切諸法本性皆空，於現象界不取不捨，入於諸法一相門；廣修一切善業，斷除一切煩惱禍障及一切不善法；以修習助成佛道，得一切智慧，成就一切善法。如果菩薩能主持這樣的法施大會，就可以稱為一個大施主，也能為世間眾生廣植福田。』」

「世尊！維摩詰說是法時，婆羅門眾中二百人，皆發阿耨多羅三藐三菩提心。我時心得清淨，歎未曾有！稽首禮維摩詰足，即解瓔珞價直百千以上之，不肯取。我言：『居士！願必納受，隨意所與。』維摩詰乃受瓔珞，分作二分，持一分施此會中一最下乞人，持一分奉彼難勝如來。一切眾會皆見光明國土難勝如來，又見珠瓔在彼佛上變成四柱寶臺，四面嚴飾，不相障蔽。時

「世尊！維摩詰居士說此法時，外道中有二百人發無上正等正覺心。我心裡也得清淨快樂，感覺從未聽過這樣說法！施禮後我將價值千金的瓔珞供養維摩詰居士，可是他不肯接受。我說：『居士！請您務必收下，之後就隨您的心意處置。』**維摩詰才把瓔珞收下，他接受後分作兩份，一份佈施給財施會中的乞丐，另一份供養給光明國土的難勝如來**。財施會中大眾都見到光明的佛國土，又見到難勝如來將此瓔珞化作四座寶台，寶台四周都裝飾得十分莊嚴美麗，不相遮蔽。維摩詰居士現此神變後，說道：『如果施主用平等心佈施最下等的乞丐，等於種佛福田，與供養佛沒什麼區別，不求果報的大悲心，這就叫做具足法施。』城中這樣最下

維摩詰現神變已，作是言：『若施主等心施一最下乞人，猶如如來福田之相，無所分別，等于大悲，不求果報，是則名曰具足法施。』城中一最下乞人，見是神力，聞其所說，皆發阿耨多羅三藐三菩提心，故我不任詣彼問疾。」

如是諸菩薩各各向佛說其本緣，稱述維摩詰所言，皆曰：「不任詣彼問疾！」

等的行乞之人聽了維摩詰居士說法後，都發無上正等正覺心。所以，我無法勝任前去探病的任務。」

同樣地，所有的菩薩都各自向佛敍說他們和維摩詰的因緣往事，並皆聲稱：「我無法勝任前去探病的任務！」

第05品　文殊師利問疾品第五

菩薩的病都是甚麼引起的呢？

維摩詰生的病是屬於肉體上的，
還是精神上的呢？

【釋題】

〈弟子品〉、〈菩薩品〉後，佛再遣菩薩中智慧第一的文殊菩薩前往探視維摩詰居士，將遇良才，展開一場精采絕倫的法會。

【要義】

聲聞眾與菩薩們都畏懼面對維摩詰居士問難，文殊師利菩薩勉為代表世尊前往，向維摩詰致意關懷。本品主要闡述菩薩為何患病，以及我們應該如何為眾生解說疾病，有疾菩薩如何調伏其心。並闡述大乘的空與小乘空的區別，以及什麼是菩薩乘的束縛與解縛。

爾時佛告文殊師利：「汝行詣維摩詰問疾。」

文殊師利白佛言：「世尊！彼上人者，難為詶對。深達實相，善說法要，辯才無滯，智慧無礙；一切菩薩法式悉知，諸佛祕藏無不得入；降伏眾魔，遊戲神通，其慧方便，皆已得度。雖然，當承佛聖旨，詣彼問疾。」

於是文殊師利與諸菩薩、大弟子眾及諸天、人，恭敬圍繞，入毘耶離大城。

於是世尊對文殊師利說：「你去探望一下維摩詰的病情吧。」

文殊師利回答佛說：「世尊！要面對他這樣上智之人，是很難酬答應對的。維摩詰深刻瞭解一切諸法實相，善於解說佛法的要領，辯論的口才暢談無滯，智慧通明無礙；了知一切菩薩法門，諸佛秘藏的深奧法理無不透徹了解；他善於降伏種種魔障，神通變化自如，運用其智慧方便的技巧，均已達出神入化的程度。儘管如此，我還是願意秉承佛的聖旨，前去探望一下維摩詰的病情。」

就這樣，文殊師利與眾多菩薩、佛弟子以及諸天人等恭敬地圍繞佛座，頂禮膜拜佛之後，就進入毗耶離大城去了。

爾時長者維摩詰心念：「今文殊師利與大眾俱來！」即以神力空其室內，除去所有及諸侍者；唯置一床，以疾而臥。

文殊師利既入其舍，見其室空，無諸所有，獨寢一床。時維摩詰言：「善來，文殊師利！不來相而來，不見相而見。」

文殊師利言：「如是！居士！若來已，更不來；若去已，更不去。所以者何？來者無所

此時維摩詰大士獨自在想：「文殊師利現在正與許多隨眾到我這裡來了！」於是運用神力令室內騰出空間，把所有的陳設和侍者都移走；只留下一張床座，並做出生病的樣子躺在床上。

文殊師利來到維摩詰家中，見室內空無一物，只有維摩詰獨自躺在床上。維摩詰就對他說：「你好，文殊師利！你這次是以無相化身來到我這裡，雖然是無相化身，我們卻能相見。」

文殊師利回答說：「是的！維摩詰居士！我無相化身來到這裡，而真正報身的我根本就沒來；來到這裡的我是無相化身，是出世間我性智慧隨順世

從來，去者無所至，所可見者，更不可見。且置是事，居士！是疾寧可忍不？療治有損，不至增乎！世尊慇懃致問無量，居士是疾，何所因起？其生久如？當云何滅？」

維摩詰言：「從癡、有愛，則我病生。以一切眾生病，是故我病；若一切眾生病滅，則我病滅。所以者何？菩薩為眾生故入生死，有生死則有病；若眾生得離病者，則菩薩無復病。譬如長者，唯有一子，其

間法的一種示現。為什麼呢？因為無所謂來，也無所謂到哪裡去。我們暫且不討論這個吧，維摩詰居士！你的病況還能忍受嗎？經治療有所減輕嗎？不至於會更加嚴重吧？世尊對你的病很關心，向你致以無限的問候，**居士此病是因何引起的呢？病了有多久時間呢？應該要怎麼治療才會好呢？**」

維摩詰說：「我的病是從無明而產生貪愛而起的。**許多眾生皆病於無明生貪愛，所以我便得病；如果一切眾生的病患得以消除，那麼我的病也就消失了**。為什麼呢？因菩薩為度眾生故入於生死，既有生死則有病苦；如果眾生可得離病苦，則菩薩也就不會再有病了。譬如富翁的獨生子得了病，他的父母也會隨之病倒；如果這兒子的病痊癒了，他

子得病，父母亦病。若子病愈，父母亦愈。菩薩如是，於諸眾生，愛之若子；眾生病則菩薩病，眾生病愈，菩薩亦愈。又言是疾，何所因起？菩薩病者，以大悲起。」

文殊師利言：「居士此室，何以空無侍者？」

維摩詰言：「諸佛國土亦復皆空。」

又問：「以何為空？」

答曰：「以空空。」

又問：「空何用空？」

父母的病也就自然好了。菩薩也是如此，對於一切眾生，愛他們如同子女，所以眾生病則菩薩病，眾生若病痊癒了則菩薩的病也痊癒了。又你問我此病是因何而引起的，其實**菩薩的病都是由大悲心所致的**。」

文殊師利說：「居士，你室內何以空空的，竟無一人侍候呢？」

維摩詰說：「諸佛如來的國土不也是空的嗎？」

文殊又問：「空是以什麼為依據呢？」

維摩詰答：「空是以空為依據。」

文殊又問：「既然是空，怎麼還須憑藉空為依

答曰：「以無分別空故空。」

又問：「空可分別耶？」

答曰：「分別亦空。」

又問：「空當於何求？」

答曰：「當於六十二見中求。」

又問：「六十二見當於何求？」

答曰：「當於諸佛解脫中求。」

又問：「諸佛解脫當於何求？」

據呢？」

維摩詰答：「**要以無分別心入空，才明白空。**」

文殊又問：「空還可加以分別嗎？」

維摩詰答：「**分別本身也是空啊。**」

文殊又問：「空應當往哪裡去尋求呢？」

維摩詰答：「應當在六十二種邪見中去尋求。」

文殊又問：「那麼六十二種邪見，又應當往哪裡去尋求呢？」

維摩詰答：「應當在諸佛如來的解脫中去尋求。」

文殊又問：「那麼諸佛如來的解脫，又應當往哪裡去尋求呢？」

答曰：「當於一切眾生心行中求。又仁所問：『何無侍者？』一切眾魔及諸外道，皆吾侍也。所以者何？眾魔者樂生死，菩薩於生死而不捨；外道者樂諸見，菩薩於諸見而不動。」

文殊師利言：「居士所疾，為何等相？」

維摩詰言：「我病無形不可見。」

又問：「此病身合耶？心合耶？」

維摩詰答：「應當在一切眾生的心念流轉中去尋求。又仁者先前問我：『為何沒有侍候的人？』其實一切魔眾和諸外道都是我的侍者啊。為什麼呢？因為所有魔眾是甘願耽於生死輪迴，而菩薩是已脫離生死輪迴卻而不捨；諸外道是熱衷執於種種邪見，而菩薩是對於諸見而不為所動的。」

文殊又問：「居士，你的病有什麼症狀呢？」

維摩詰答：「**我的病並無症狀，也不可見。**」

文殊又問：「你的病是屬於肉體上的還是精神上的呢？」

答曰：「非身合，身相離故；亦非心合，心如幻故。」

又問：「地大、水大、火大、風大，於此四大，何大之病？」

答曰：「是病非地大，亦不離地大；水、火、風大，亦復如是。而眾生病，從四大起，以其有病，是故我病。」

爾時文殊師利問維摩詰言：「菩薩應云何慰喻有疾菩薩？」

維摩詰答：「不是肉體上的，因為肉體本身是不實的組合；也不是精神上的，因為精神本質是虛擬的幻覺。」

文殊又問：「那麼地、水、火、風四大假合，你是哪一大受到干擾呢？」

維摩詰答：「此病非地大也離不開與地大的關係；水大、火大、風大也都是一樣。**一切眾生的病，都是因四大受到干擾而致病，所以我也有病了。**」

這時，文殊師利便問維摩詰說：「菩薩該如何去慰問另一位生了病的菩薩呢？」

維摩詰言：「說身無常，不說厭離於身；說身有苦，不說樂於涅槃；說身無我，而說教導眾生；說身空寂，不說畢竟寂滅；說悔先罪，而不說入於過去；以己之疾，愍於彼疾。」

文殊師利言：「居士！有疾菩薩云何調伏其心？」

維摩詰言：「有疾菩薩應作是念：『今我此病，皆從前世妄想顛倒諸煩惱生，無有實

維摩詰答：「**應該告訴他肉身無常的道理，但這並不是說要厭離此身**；菩薩應告訴他身心會有苦的感受，但這並不是說要執著於涅磐之樂；菩薩應告訴他肉身只是四大的假合並沒有真實的我，但這並不是說因知空而放棄教導眾生；菩薩應告訴他肉身是空寂非實有的，但這並不是說只致力於尋求畢竟不生死的寂滅；菩薩應告訴他應當懺悔從前的罪業，而並不追溯以往的罪業；菩薩應以自己的疾病，憐憫眾生的病。」

文殊師利說：「維摩詰居士！那麼患病的菩薩，如何調伏自己的心智呢？」

維摩詰說：「患病的菩薩應作這樣的思考以調伏自己的心智：『如今我患的病，都是起因於過去世的顛倒妄想及種種煩惱所致，身體既非實有的

法，誰受病者！所以者何？四大合故，假名為身；四大無主，身亦無我；又此病起，皆由著我。是故於我，不應生著。』既知病本，即除我想及眾生想。當起法想，應作是念：『但以眾法，合成此身；起唯法起，滅唯法滅。又此法者，各不相知，起時不言我起，滅時不言我滅。』彼有疾菩薩為滅法想，當作是念：『此法想者，亦是顛倒，顛倒者是即大患，我應離之。』云何為離？離我、我所。云何離我、我所？謂離二

東西，那麼誰是病患者呢？何以見得？身體是地、水、火、風四大的假合；而四大並無我這個主體，因此這個身體也沒有一個真實的自我存在；再者，引起此病皆是因為執著我，所以對於我不應該有所執著。』**既然已知病的根源，也就該消除我和其他眾生的分別想法**。當有這種想法時，應作這樣的思維：『這身體只是眾物質的聚合體；此身出生時，不過是眾物質的出生；此身死亡時，亦不過是眾物質的死亡。況且這些物與物，各各並不知道到彼此的存在；這些物質出生時，它們不會認為我出生了，死亡時，它們也不會認為我死亡了。』那患病的菩薩，為了滅除執著實有諸法的念頭，心內應作這樣想：『**這種把諸法是為真實的想法，本就是一種顛倒，顛倒妄想就是大患的根源，我應該捨離這**

法。云何離二法？謂不念內外諸法行於平等。云何平等？謂我等、涅槃等。所以者何？我及涅槃，此二皆空。以何為空？但以名字故空。如此二法，無決定性，得是平等；無有餘病，唯有空病；空病亦空。是有疾菩薩以無所受而受諸受，未具佛法，亦不滅受而取證也。」

種迷執。』怎樣才是捨離呢？就是**捨離『自我』與『我所有』的執著**。如何捨離『自我』與『我所有』的執著呢？就是捨離我執與法執。**怎麼才是捨離我執與法執呢？就是不執著內在六情的『我』和外在六塵的『法』，使內外諸法行於平等**。怎麼說是平等呢？就是應該把自我與涅槃同等看待。為何這樣說呢？因為**自我與涅槃，這二者皆為空性**。為什麼是空性呢？因為都是假名而非實有。二者只是名字上的差別，都是沒有自身的規定性，故而平等。立了這樣的平等觀，很多病都得滅除，此後還剩下一種空病；這空病也要空掉。這有病的菩薩以無所受而受苦受、樂受、不苦不樂受，攝受六塵而不住相生心。未通達佛法、未度眾生之前，不會滅除此三受而以為得證。」

第06品　不思議品第六

執著於見、聞、覺、知，
為什麼就不是求佛法了？

為什麼菩薩能把高大的須彌山
納入於一粒細微的芥子中，
而芥子體積卻沒有增減？

【釋題】

凡可用推理思辨者稱「思」；可用語言文字等說明者稱「議」。故如果以心思、口議均不能及，即言語道斷，心行處滅，稱「不可思議」。由於本品顯發出善巧方便妙用的不可思議，故命名為「不思議品」。

【要義】

本品是維摩詰居士神力所示現的菩薩淨土果報，內含三大不可思議(1)境界不思議。(2)智慧不思議。(3)言教不思議。三者亦有相關性，說明真理內涵中的智、境、教均不可思議。

爾時舍利弗見此室中無有床座，作是念：「斯諸菩薩、大弟子眾，當於何坐？」

長者維摩詰知其意，語舍利弗言：「云何仁者！為法來耶？求床座耶？」

舍利弗言：「我為法來，非為床座。」

維摩詰言：「唯，舍利弗！夫求法者，不貪軀命，何況床座？

「法名無染，若染於法，乃至涅槃，是則染著，非求法

當時，舍利弗見維摩詰室中連一張椅子都沒有，心裡便想：「這麼多的菩薩和聲聞弟子該坐在哪裡呢？」

維摩詰居士隨即覺知他的想法，就對舍利弗說：「仁者，你是為求法還是為求坐椅而來的呢？」

舍利弗回答說：「我是為求法而來，不是為求坐椅而來的。」

維摩詰又說：「喂，舍利弗！真正求法的人甚至連自己的身軀性命尚且不惜，怎麼會在乎有沒有坐椅呢？」

「真正所求之法是無染的，**若染執於世間法，**

認為這樣才有涅槃證得，那便是染著的行為，而不

也；法無行處，若行於法，是則行處，非求法也；法無取捨，若取捨法，是則取捨，非求法也；法無處所，若著處所，是則著處，非求法也；法名無相，若隨相識，是則求相，非求法也；法不可住，若住於法，是則住法，非求法也；法不可見、聞、覺知，若行見、聞、覺知，是則見、聞、覺知，非求法也；法名無為，若行有為，是求有為，非求法也。是故，舍利弗！若求法者，於一切法，應無所求。」

是求佛法了；真正所求之法是無可行的地方，**如果只遵行於法規，則便是執著的行為，而不是求佛法了**；真正所求之法是無該取捨的，若對法有取善分別的話，則便是法執的行為，而不是求佛法了；真正所求之法是無所依止的，如果心著有存在之處，則便是妄心執境故有處所，而不是求佛法了；**真正所求之法是無相的，若隨相而生有識心，則便是執求虛妄的識相，而不是求佛法了**；真正所求之法是無有常住的，若安住於法中而生沉迷的見解，則便是心執住於法，而不是求佛法了；真正所求之法是不可執著於腦海印象的見、聞、覺、知，**若修行是想見佛之相，則便是著見之行**；若修行是想聞佛之聲，則便是著聞之行，這些都是有相之法，而不是

爾時長者維摩詰，問文殊師利：「仁者遊於無量千萬億阿僧祇國，何等佛土有好上妙功德成就師子之座？」

文殊師利言：「居士！東方度三十六恒河沙國，有世界名須彌相，其佛號須彌燈王，今現在。彼佛身長八萬四千由旬，其師子座高八萬四千由旬，

求佛法了。**真正所求之法是無為的，若所行是有所為而為之法，則便是求有為的世間法，而不是求佛法了。**所以，舍利弗啊！如果是真正求佛法的人，應該對於一切法皆無所著、無所求。」

那時，維摩詰居士問文殊菩薩：「仁者，你曾遊歷過無量千萬億的佛國土，可知在那個佛國土裡有最為莊嚴、最能成就種種功德的師子寶座呢？」

文殊師利說：「居士！往東方跨越過三十六恆河沙數的國土，就會發現有一個叫須彌相的世界，那個世界的佛名號叫須彌燈王，他現今仍在此土。須彌燈王佛的身長有八萬四千由旬，故他的師子寶座亦高八萬四千由旬，且莊嚴粉飾最是富麗莊

嚴飾第一。」

於是長者維摩詰現神通力，即時彼佛遣三萬二千師子座，高廣嚴淨，來入維摩詰室，諸菩薩、大弟子、釋、梵、四天王等，昔所未見。其室廣博，悉皆包容三萬二千師子座，無所妨礙。於毘耶離城，及閻浮提四天下，亦不迫迮，悉見如故。

爾時維摩詰語文殊師利：「就師子座。」與諸菩薩上人俱坐，當自立身如彼座像。其

嚴。」

於是，維摩詰居士運用神通力，即時請須彌燈王佛送來三萬二千張師子寶座，這些寶座高廣華美，一下子便安置在維摩詰室內了。諸眾菩薩、聲聞弟子、梵天帝釋和四大天王等，從前都未曾見過這樣的寶座。而維摩詰的房子也好像隨之變得廣闊寬大，完全容納了三萬二千張師子寶座，且一點也不覺得擠擁局促。同樣，毗耶離城及閻浮提的四大洲天環境，也絲毫沒有擠迫的變動，整個世界一如原樣。

隨後，維摩詰居士對文殊菩薩說：「請在獅子座上就座。」與會的諸菩薩也先後入座，當時應該把自己的身體伸長至與獅子座相應的高度。那些已

得神通菩薩，即自變形為四萬二千由旬，坐師子座。諸新發意菩薩及大弟子皆不能昇。

維摩詰言：「唯，舍利弗！諸佛菩薩，有解脫，名不可思議。若菩薩住是解脫者，以須彌之高廣內芥子中無所增減，須彌山王本相如故，而四天王、忉利諸天不覺不知己之所入，唯應度者乃見須彌入芥子中，是名住不思議解脫法門。又以四大海水入一毛孔，不嬈魚、

得神通之菩薩的身體即時長高至四萬二千由旬，他們身量隨意可現大現小，與師子座相等，有辦法坐成。而那些新發意菩薩及諸大弟子，則都無法使自己的身體相應地長高變大。

維摩詰說：「啊，舍利弗！**諸佛菩薩有一種解脫法門，名叫『不可思議』**。如果有菩薩住於此『不可思議』解脫境界的話，**能把高大的須彌山納入於一粒細微的芥子之中，且芥子體積是些微沒有增減**，須彌山亦是原本那麼廣大，而當中的四天王和忉利諸天，也不知不覺隨同須彌山一併納於芥子內。只有那些因應此法門而受化度的眾生才能得見須彌山被納於芥子之中，這就是叫『不可思議』解脫法門了。此外，住於『不可思議』解脫境界的菩

鼈、黿、鼉水性之屬，而彼大海本相如故，諸龍、鬼神、阿修羅等，不覺不知己之所入，於此眾生亦無所嬈。

又，舍利弗！住不可思議解脫菩薩，斷取三千大千世界，如陶家輪，著右掌中，擲過恒河沙世界之外，其中眾生，不覺不知己之所往。又復還置本處，都不使人有往來想，而此世界本相如故。又，舍利弗！或有眾生，樂久住世而可度者，菩薩即延七日以為一劫，令彼

薩，能集四大海的海水注入一毛孔中，魚、龜、鱷魚、青蛙也絲毫沒有損及，大海仍是原來的模樣，而海中的龍、鬼、神、阿修羅等，也不知不覺隨同海水一同注入毛孔中，且絲毫不受影響。

另外，舍利弗！住於『不可思議』解脫境界的菩薩，能將三千大千世界撿起，並揑成陶匠使用的陶輪模樣，將之置於掌中擲出，丟到恆河沙數那麼遠的世界之外，而裡面的眾生卻一點也沒察覺被移動，然後菩薩又把這三千大千世界從老遠放回原處，那些眾生也不會有飛來飛去的感覺，這是因為這大千世界法性理體不變的緣故。

另外，舍利弗！如果有些眾生是樂於久住世間，而他們又是可得度者，住於『不可思議』解脫

眾生謂之一劫；或有眾生不樂久住，而可度者，菩薩即促一劫以為七日，令彼眾生謂之七日。

又，舍利弗！住不可思議解脫菩薩，以一切佛土嚴飾之事，集在一國，示於眾生。又菩薩以一佛土眾生置之右掌，飛到十方遍示一切，而不動本處。又，舍利弗！十方眾生供養諸佛之具，菩薩於一毛孔，皆令得見。又十方國土所有日、

境界的菩薩，即能使七天成為一劫之久，令那些眾生以為已歷過一劫的修行；又或者有些眾生不喜歡久住世間，而他們又是可得度者，住於『不可思議』解脫境界的菩薩能使一劫縮短為七天，令那些眾生以為只經過七天的修行而已。

另外，舍利弗啊！住於『不可思議』解脫境界的菩薩，能把所有佛土的功德莊嚴集中於某一國土，展示給眾生看。住於『不可思議』解脫境界的菩薩，能將一佛土的眾生放於右掌之上，將他們拋到十方世界見識一切，而他們是無須移動自己本來位置的；另外，舍利弗啊！**住於『不可思議』解脫境界的菩薩，能將十方國土眾生對諸佛供養的物品，全部在他的一個毛孔裡展示出來**；又能將十方

月、星宿，於一毛孔普使見之。

又，舍利弗！十方世界所有諸風，菩薩悉能吸著口中，而身無損，外諸樹木，亦不摧折。又十方世界劫盡燒時，以一切火內於腹中，火事如故，而不為害。又於下方過恒河沙等諸佛世界，取一佛土，舉著上方，過恒河沙無數世界，如持鍼鋒舉一棗葉，而無所嬈。

又，舍利弗！住不可思議

國土所有的日月星宿，全部納於他的一個毛孔裡展示出來，使普天眾生都看得見。

另外，舍利弗啊！住於『不可思議』解脫境界的菩薩，能將十方世界的所有風暴吸入口中，而對身體絲毫無損，呼出這些風暴亦不會造成樹木摧折。又能於十方世界壞劫焚燒時，將一切烈火吞入肚內，任由火焰在腹中燃燒，而身體不會因此受到傷害。又能於宇宙的下方，越過恆河沙數那麼多的諸佛世界，執取其中一個佛土向上舉起，再穿越恆河沙數那麼多的世界，這行動就如持針尖頂舉一片棗樹葉那麼輕易，而此佛土的眾生並未受到任何影響。

另外，舍利弗啊！住於『不可思議』解脫境界解脫菩薩，能以神通現作佛身，或現辟支佛身，或現聲聞身，或現帝釋身，或現梵王身，或現世主身，或現轉輪王身。又十方世界所有眾聲，上中下音，皆能變之，令作佛聲，演出無常、苦、空、無我之音。及十方諸佛所說種種之法，皆於其中普令得聞。舍利弗！我今略說菩薩不可思議解脫之力，若廣說者，窮劫不盡。」

的菩薩，能運用神通力變身成佛的模樣、緣覺的模樣、聲聞的模樣、帝釋的模樣、梵天的模樣、君主的模樣、轉輪聖王的模樣，又能模仿十方世界各種各樣的聲音，不管是很好聽的聲音、普通的聲音、不好聽的聲音，全部都會轉變成微妙的佛聲，演說出苦、空、無常、無我的法音，及十方諸佛的種種說法聲音皆能模仿，全都可於其中得以聽聞。舍利弗啊！我現在不過只是簡略地為你解說一下，**菩薩住於『不可思議』解脫境界的能力，如果要詳加說明的話，恐怕要超過一劫，甚至更長的時間也說不完。」**

第07品　觀眾生品第七

為什麼說對五欲貪著的根源
是來自顛倒的概念？

為什麼花落在聲聞弟子身上粘附不去，
以神通力也擺脫不掉；
而菩薩們身上都不沾著花呢？

【釋題】

「觀」是能觀的智，「眾生」是所觀的境。菩薩觀一切眾生，乃至觀自己的身心，從四念處開始。成就眾生即以淨佛國土，必先觀察眾生，而能成就眾生。

【要義】

此品是描述行大乘菩薩道，如何看待眾生、對待眾生，通過天女與舍利弗的對辯，以及維摩詰與文殊菩薩辨析如何成就佛法的內容。

維摩詰與文殊菩薩辨析「云何觀察眾生現象」乃至「從無住本，立一切法」，觀眾生如幻人、水中月、鏡中像、熱時燄、呼聲響、空中雲、水聚沫、水上泡等，離眾生相，證得人空。長者舍利弗剛從「時間相」的泥淖中，因察覺而出，卻又落到另一坑「言說文字」中，是從一坑到另一坑。以及通過天女與舍利弗為散花著身互辯男女之身相，菩薩不著天花，是因為他們對於一切事物，已無分別執著之想。在與舍利弗對辯過程中，將舍利弗變成了天女，將自己變成了舍利弗，證實眾生如幻，提示了男女無定相，說一切諸法非男非女。

文殊師利言：「若菩薩作是觀者，云何行慈？」

維摩詰言：「菩薩作是觀已，自念：『我當為眾生說如斯法。』是即真實慈也。」

文殊菩薩又問：「菩薩欲依如來功德之力，當於何住？」

答曰：「菩薩欲依如來功德力者，當住度脫一切眾生。」

又問：「欲度眾生，當何所除？」

答曰：「欲度眾生，除其煩惱。」

文殊菩薩問維摩詰居士說：「若菩薩是如此看待眾生如幻的，那該如何施行慈心去渡眾生呢？」

維摩詰說：「菩薩如此看待眾生如幻時，心中會想：**『我應該要以慈為本，為眾生說出諸法如幻的真實法。』這才是真實的慈心。**」

文殊菩薩又問：「菩薩欲依持如來功德力，應將心安住於何處呢？」

維摩詰答：「菩薩欲以如來功德力為依持，**應當把心安住於度脫一切眾生上。**」

文殊菩薩又問：「菩薩欲濟度眾生，應除掉身上什麼東西呢？」

維摩詰答：「菩薩欲濟度眾生，應除掉他們的煩惱。」

又問：「欲除煩惱，當何所行？」
答曰：「當行正念。」
又問：「云何行於正念？」
答曰：「當行不生不滅。」
又問：「何法不生？何法不滅？」
答曰：「不善不生，善法不滅。」
又問：「善不善孰為本？」
答曰：「身為本。」
又問：「身孰為本？」

文殊菩薩又問：「菩薩欲除掉眾生的煩惱，應從何處著手呢？」
維摩詰回答：「菩薩應從修正念著手。」
文殊菩薩又問：「修正念應該從何著手呢？」
維摩詰答：「應該從不生不滅法著手。」
文殊菩薩又問：「不生是甚麼？不滅又是甚麼呢？」
維摩詰答：「不善法不生，善法不滅。」
文殊菩薩又問：「那麼善與不善的根源是甚麼呢？」
維摩詰答：「惡與善的根源是來自肉身。」
文殊菩薩又問：「那麼肉身的根源是甚麼

答曰：「欲貪為本。」

又問：「欲貪孰為本？」

答曰：「虛妄分別為本。」

又問：「虛妄分別孰為本？」

答曰：「顛倒想為本。」

又問：「顛倒想孰為本？」

呢？」

維摩詰答：「肉身的根源是來自對五欲的貪著。」

文殊菩薩又問：「那麼貪著五欲的根源是甚麼呢？」

維摩詰答：「**對五欲貪著的根源是來自不確實地分別事理（虛妄分別）**。」

文殊菩薩又問：「那麼不確實地分別事理的根源是甚麼呢？」

維摩詰答：「**不確實地分別事理的根源是來自顛倒錯誤的概念**。」

文殊師利又問：「那麼錯誤概念的根源是甚麼呢？」

答曰：「無住為本。」

又問：「無住孰為本？」

答曰：「無住則無本。文殊師利！從無住本，立一切法。」

時維摩詰室有一天女，見諸大人聞所說法，便現其身，即以天華，散諸菩薩、大弟子上。華至諸菩薩，即皆墮落，至大弟子，便著不墮。一切弟子神力去華，不能令去。爾時

維摩詰答：「錯誤概念的根源是來自無所住著。」

文殊師利又問：「那麼無所住著的根源是甚麼呢？」

維摩詰答：「無所住著就沒有根源了。文殊師利啊！世間一切事物本皆就是立基於無所住著之上。」

那時，在維摩詰室中有一位天女，因為歡喜得見各位大士在討論佛法，於是便現身在空中，以天上的花朵撒在諸眾大菩薩及佛弟子身上。當天花落在菩薩身上時便掉到地上，但天花落在聲聞弟子身上卻沾著不掉，所有聲聞弟子即使以神通力也無法擺脫身上的天花。此時天女便問舍利弗說：「你為

天女問舍利弗：「何故去華？」

答曰：「此華不如法，是以去之。」

天曰：「勿謂此華為不如法。所以者何？是華無所分別，仁者自生分別想耳！若於佛法出家，有所分別，為不如法；若無所分別，是則如法。觀諸菩薩華不著者，已斷一切分別想故。譬如人畏時，非人得其便；如是弟子畏生死故，色、聲、香、味、觸得其便也。已離畏者，一切五欲無能為也；

何要抖落這些花呢？」

舍利弗答：「身上沾著這些花不太符合沙門戒律，所以想要把它們扔掉。」

天女說：「不要說花不符合戒律啊，為什麼呢？這些花朵本身是沒有分別的，有差異的不過是你們自身的分別心罷了。**若出家修行佛法者，懷有分別心，那才是最不符合佛法的**；如果出家修行佛法者，而無分別心，這就是符合佛教的義理與規範。你看**菩薩們身上都不沾著天花，因為他們已斷除了一切分別妄想**。就好比心存恐懼的人，邪靈便會趁機控制他的恐懼心。同樣道理，**若佛弟子害怕生死輪迴而有所怯畏，則會被色、聲、香、味、觸等五欲所控制了**。若已脫離怯畏的人，一切五欲對

結習未盡，華著身耳！結習盡者，華不著也。」

舍利弗言：「天止此室，其已久如？」

答曰：「我止此室，如耆年解脫。」

舍利弗言：「止此久耶？」

天曰：「耆年解脫，亦何如久？」

舍利弗默然不答。天曰：「如何耆舊大智而默？」

於他是毫無干擾的。因此，這些天花只會黏在煩惱積習未盡除的人身上，而不會黏在已去煩惱積習已經盡除的人身上。」

舍利弗說：「你在此室住了有多久呢？」

天女回答：「我住在此室就如長者（耆年）舍利弗您的解脫的時間那麼長。」

舍利弗說：「有那麼久了啊？」

天女說：「長者解脫多久了啊？」

舍利弗聽後默然不語。

天女說：「前輩是智慧第一的人，怎麼不再說話呢？」

答曰：「解脫者無所言說，故吾於是不知所云。」

天曰：「言說文字，皆解脫相。所以者何？解脫者，不內、不外，不在兩間，文字亦不內不外，不在兩間。是故，舍利弗！無離文字說解脫也。所以者何？一切諸法是解脫相。」

舍利弗問天：「汝於三乘，為何志求？」

天曰：「以聲聞法化眾生故，我為聲聞；以因緣法化眾

舍利弗回答：「因為解脫是不能用言語描述的，所以我不知說什麼才好。」

天女說：「語言文字皆是屬於解脫相。為什麼呢？因**解脫者，既不在內，也不在外，也不在內外之間，語言文字亦是如此，既不在內也不在外，也不在內外之間**。所以，舍利弗！**描述解脫相是不能離言語文字的**。為什麼呢？因**一切諸法都是解脫相**。」

舍利弗問天女說：「那你於三乘佛法之中，你是屬於聲聞乘，緣覺乘，還是菩薩乘呢？」

天女說：「如果以聲聞法教化眾生的時候，我便屬於聲聞乘；如果以十二因緣法教化眾生的時

生故，我為辟支佛；以大悲法化眾生故，我為大乘。」

天曰：「舍利弗！若能轉此女身，則一切女人亦當能轉。如舍利弗非女而現女身，一切女人亦復如是，雖現女身，而非女也。是故佛說一切諸法非男、非女。」

即時天女還攝神力，舍利弗身還復如故。天問舍利弗：「女身色相，今何所在？」

舍利弗言：「女身色相，

候，我便屬於緣覺乘；如果以大悲法教化眾生的時候，我便屬於菩薩乘。」

天女說：「舍利弗啊！**如果你能將此女身轉變成男身的話，則一切女人也能轉變成男身了**。正如你舍利弗並非女人而示現女身，一切女人情況也是一樣，雖然她們是示現女身而並非女人。基於這個道理，佛說：『**在萬物裡，既無男性亦無女性。**』」

此時天女隨即收起神通力，舍利弗便回復原來自己的模樣。

天女問舍利弗說：「你女身的模樣現在哪裡去了呢？」

舍利弗答：「女身的模樣沒有實際存在或不存

無在無不在。」

天曰：「一切諸法，亦復如是，無在無不在。夫無在無不在者，佛所說也。」

舍利弗問天：「汝於此沒，當生何所？」

天曰：「佛化所生，吾如彼生。」

曰：「佛化所生，非沒生也。」

天曰：「眾生猶然，無沒生也。」

舍利弗問天：「汝久如當

在之處（既不存在又無所不在）。」

天女說：「萬物也是這樣的，沒有實際存在或不存在之處。**『不在任何處，卻又處處都在。』**這是佛所說的話啊。」

舍利弗問天女說：「你於此生結束之後，將會出生到哪裡去呢？」

天女說：「我會在佛應化出生的地方出生。」

舍利弗說：「佛是應化出生，不是卒沒而生。」

天女說：「**眾生也如此，是應業力而生，不是卒沒而生的。**」

舍利弗問天女說：「你要過多久才能得證無上

得阿耨多羅三藐三菩提？」

天曰：「如舍利弗還為凡夫，我乃當成阿耨多羅三藐三菩提。」

舍利弗言：「我作凡夫，無有是處。」

天曰：「我得阿耨多羅三藐三菩提，亦無是處。所以者何？菩提無住處，是故無有得者。」

舍利弗言：「今諸佛得阿耨多羅三藐三菩提，已得當得，如恒河沙，皆謂何乎？」

正等正覺呢？」

天女說：「如果你舍利弗變回凡夫時，那我就能成就無上正等正覺了。」

舍利弗說：「我變回凡夫，是不可能的事了。」

天女說：「我成就無上正等正覺，也是不可能的事。為什麼呢？**因為菩提覺悟是不存在的，所以也沒有什麼可得證的。**」

舍利弗說：「如今諸佛都是得證菩提覺悟者，已得證的和將得證的，多如恆河沙數一樣，這又該如何解說呢？」

天曰：「皆以世俗文字數故，說有三世，非謂菩提有去來今。」

天曰：「舍利弗！汝得阿羅漢道耶？」

曰：「無所得故而得。」

天曰：「諸佛、菩薩亦復如是，無所得故而得。」

天女說：「這都不過是以世俗文字算數的觀念作表示，所以才說有過去、現在、未來三世的區別，並不是說得證菩提覺悟者有過去、未來和現在。」

天女問：「舍利弗啊，你得證阿羅漢道了嗎？」

舍利弗答：「我因為無所得而證得阿羅漢道。」

天女說：「諸佛和菩薩也是如此，都是**無所得故而證得**的。」

第08品　佛道品第八

為什麼菩薩行事入於非道而不是正道，
同樣可以走上通達成佛之道？

為什麼離煩惱大海，
則不能獲得一切智慧寶藏呢？

【釋題】

本品說求佛道之法。佛就是「覺悟」之意，代表了無上圓滿、無上解脫的大覺成就，本品首明菩薩如何通達佛道，到說明何等為如來種，再現菩薩眷屬資具如何得以有方法修行，顯菩薩行及所行，教導我們如何上求佛道的，因此名「佛道品」。

【要義】

文殊菩薩問維摩詰應當如何修行才能夠通達佛道，維摩詰說菩薩若能夠生活在「非佛道」中而行菩薩行，才畢竟通達佛道。菩薩若不行於非道，即無法攝化眾生，使之成就佛道，若示現地獄、餓鬼、畜生、貪欲、愚癡等，即為非道，行於非道者，表面上造惡業或有漏善業，實則不失佛道之本。若是世間行者習慣從「善」的角度看待事情，維摩詰居士大覺悟者的見地，卻違反行者習以為常的「正道」的思惟。以此「空有不二」通達佛道，這也就是菩薩契入妙理，為攝化眾生所起的妙行。

接著維摩詰問文殊菩薩何等為如來種，答以「有身為種」，並以三種譬喻，說明這一切煩惱，都是佛種，方便攝化之故而存在，因此煩惱顯得珍貴，現有煩惱之身，皆可轉成菩提，轉色身為解脫身，若不投入煩惱大海，則不能獲得一切智慧寶藏。

爾時文殊師利問維摩詰言：「菩薩云何通達佛道？」

維摩詰言：「若菩薩行於非道，是為通達佛道。」

又問：「云何菩薩行於非道？」

答曰：「若菩薩行五無間，而無惱恚；至於地獄，無諸罪垢；至于畜生，無有無明憍慢等過；至於餓鬼，而具足功德；行色、無色界道，不以為勝。示行貪欲，離諸染著；示

那時，文殊師利問維摩詰說：「菩薩怎樣才能走上通達成佛之道呢？」

維摩詰說：「若菩薩行事入於非道（與正道不符合的就對立名為「非道」），那他便可走上通達成佛之道了。」

文殊師利又問：「菩薩在非道上該怎麼行事呢？」

維摩詰答：「若菩薩行事於五種無間罪惡而沒有煩惱瞋恚；若菩薩行事於地獄而沒有染垢罪業；若菩薩行事於畜生道而沒有無明憍慢；若菩薩行事於餓鬼道而具有無吝嗇貪得的功德；若菩薩行事於色界及無色界而不自以為優勝；若菩薩行事表現成貪欲，而無非為使眾生離各種染著；若菩薩行

行瞋恚，於諸眾生，無有恚閡；示行愚癡，而以智慧，調伏其心。示行慳貪，而捨內外所有，不惜身命；示行毀禁，而安住淨戒，乃至小罪，猶懷大懼；示行瞋恚，而常慈忍；示行懈怠，而懃修功德；示行亂意，而常念定；示行愚癡，而通達世間、出世間慧；示行諂偽，而善方便，隨諸經義；示行憍慢，而於眾生，猶如橋梁；示行諸煩惱，而心常清淨；示入於魔，而順佛智慧，不隨他教；

事表現成忿怒，而無非為使眾生不要有瞋恚的障礙；若菩薩行事表現成愚癡，而無非為使眾生要以智慧調伏自心；若菩薩行事表現成吝嗇貪得，而無非為使眾生要能捨一切身外身內之物，即使身體和生命也在所不惜；若菩薩行事表現成破戒毀禁，而無非為使眾生要安住在清淨戒律之中，即使犯小罪過也深懷畏懼之心；若菩薩行事表現成瞋恚，而無非為使眾生要常懷慈心忍辱；若菩薩行事表現成懈怠懶惰，而無非為使眾生要勤力修行功德；若菩薩行事表現成心煩意亂，而無非為使眾生要常念記持心禪定；若菩薩行事表現成愚昧癡呆，而無非為使眾生要通達世間法及出世間的智慧；若菩薩行事表現成諂媚虛偽，而無非為使眾生要依各佛經的義理

示入聲聞，而為眾生，說未聞法；示入辟支佛，而成就大悲，教化眾生；示入貧窮，而有寶手，功德無盡；示入刑殘，而具諸相好，以自莊嚴；示入下賤，而生佛種姓中，具諸功德；示入羸劣醜陋，而得那羅延身，一切眾生之所樂見；示入老病，而永斷病根，超越死畏；示有資生，而恒觀無常，實無所貪；示有妻妾采女，而常遠離五欲淤泥；現於訥鈍，而成就辯才，總持無失；示入邪濟，

去做善巧方便之事；若菩薩行事表現成憍慢，而無非為使眾生要像橋樑一樣引導他人離苦；若菩薩行事表現成常被煩惱所困，而無非為使眾生要保持清淨的心；若菩薩行事表現成誤入魔道，而無非為使眾生要依信佛的正法智慧，不與外道同流合污；若菩薩行事表現成於入聲聞道，而無非為要講說聲聞未聞之法；若菩薩行事表現成於入緣覺道，而無非為使緣覺乘成就大悲心，應該要教化眾生；若菩薩行事表現成貧窮困窘，而無非為使眾生明白得佛妙法寶手，會有無量功德維護，心即脫困而不貧；若菩薩行事表現成外形殘缺，而無非為使眾生明白若能勤修佛法，會具種種好相以莊嚴色身；若菩薩行事表現成出生下賤，而無非為使眾生明白若能勤修

而以正濟，度諸眾生；現遍入諸道，而斷其因緣；現於涅槃，而不斷生死。文殊師利！菩薩能如是行於非道，是為通達佛道。」

佛法，會生於如來之家成為佛弟子，具種種功德不再為賤；若菩薩行事表現成羸弱卑劣貌醜，而無非為使眾生明白若能勤修佛法，會修得如那羅延的力士身形，獲得眾人所樂見的；若菩薩行事表現成衰老病弱，而無非為使眾生明白若能勤修佛法，會終斷一切病根，並超越對死亡的畏懼；若菩薩行事表現成有資產財富，而無非為使眾生要觀世間財富無常，隨時會化為烏有，實無須貪求；若菩薩行事表現成妻妾宮女成群，而無非為使眾生遠離五欲的泥沼；若菩薩行事表現成木訥遲鈍，而無非為使眾生明白若能勤修佛法，會成就辯論的才能，對各種事情總體都能記憶不忘失；若菩薩行事表現成誤入邪門外道濟世，而無非為使已入於邪見之人，開示以

答曰：「若見無為入正位者，不能復發阿耨多羅三藐三菩提心；譬如高原陸地，不生蓮華，卑濕淤泥乃生此華；如是見無為法入正位者，終不復能生於佛法；煩惱泥中，乃有眾生起佛法耳！又如殖種於

正見濟世，以佛法普渡眾生；若菩薩行事表現成入於六道之中，而無非為使六道眾生斷除諸業因緣，免於六道輪迴；若菩薩行事表現成入於涅槃，而無非為使其他菩薩明白，為渡眾生而不斷世間生死。文殊師利啊，菩薩若能這樣的行事於非道，那他便是走上通達成佛之道了。」

文殊師利答：「**假如有人見證無為而入涅槃正位的話，則此人便不能重新發起佛覺心了**。這就正如在高原陸地不能生長蓮花一樣，只有在卑濕的淤泥中，才會生出這種高雅的蓮花。同樣道理，**見證無為涅槃而了生死入正位的話，終究不能再投生於世間佛法，因煩惱泥中才有眾生成就佛法啊！**又好比把種子種植在空中，種子終歸無法生長，只有

空，終不得生！糞壤之地，乃能滋茂。如是入無為正位者，不生佛法；起於我見如須彌山，猶能發于阿耨多羅三藐三菩提心，生佛法矣！是故當知，一切煩惱，為如來種。譬如不下巨海，不能得無價寶珠。如是不入煩惱大海，則不能得一切智寶。」

在污穢的糞土中，種子才能滋潤繁茂成長。同樣道理，契入無為涅槃正位的話，則不會投生於世間佛法；即使存有我執偏見如須彌山一樣大，也總還有可能萌發菩提道心衍生佛法啊！由此而知，一切煩惱皆是能夠播下如來的種子。就正如不潛下巨海，不能取得無價的寶珠。同樣道理，**不投入煩惱大海，則不能獲得一切智慧寶藏。**」

第09品　入不二法門品第九

善與惡是有分別的嗎？
不著於相，就會著於無相嗎？

實相是肉眼所能看見的嗎？
還是以慧眼才能看得見呢？

【釋題】

「二」意指相對、相待、差別，指世俗妄法；「不二」指超越相對、直指覺心。本經也叫不可思議解脫經，也就是不二法門，因此不二法門為本經的中心思想。〈入不二法門品〉可以說是大乘佛教的真髓。

【要義】

本品主要敍述維摩居士向諸菩薩提出「云何菩薩入不二法門」的問題，舉出世間法裡種種相對性，如生滅、垢淨、善惡、明闇，以至有為無為、生死涅槃，等等相對法。諸菩薩都用言說來表達，維摩不置可否，文殊以為一切法無言無說、無示無識、離諸問答，為菩薩真正所應悟入的不二法門。

爾時維摩詰謂眾菩薩言：「諸仁者！云何菩薩入不二法門？各隨所樂說之。」

會中有菩薩名法自在，說言：「諸仁者！生滅為二。法本不生，今則無滅，得此無生法忍，是為入不二法門。」

德守菩薩曰：「我、我所為二。因有我故，便有我所；若無有我，則無我所，是為入不二法門。」

不眴菩薩曰：「受、不受為二。若法不受，則不可得；

這時，維摩詰對眾菩薩說：「諸位仁者！甚麼是菩薩所應悟入的不二法門呢？請隨各位的見解暢說一下吧。」

法會中有位叫法自在菩薩便發言說：「各位仁者！生與滅分別為二。但**諸法本來無生，現在也不會有滅，證得此道理即得無生法忍**，這就是入不二法門。」

德守菩薩說：「『我』與『我所』分別為二。因為執著有實在的『我』，便產生了與我對待的『我所』；如果能悟得『我』非真實存在，則也就沒有『我所』了，這就是入不二法門。」

不眴菩薩說：「受與不受（領納謂之受，受是有所得）分別為二。若不受諸外境，則諸法不可以不可得，故無取無捨、無作無行，是為入不二法門。」

德頂菩薩曰：「垢、淨為二。見垢實性，則無淨相，順於滅相，是為入不二法門。」

善宿菩薩曰：「是動、是念為二。不動則無念，無念則無分別。通達此者，是為入不二法門。」

善眼菩薩曰：「一相、無相為二。若知一相即是無相，亦不取無相，入於平等，是為入不二法門。」

得；因為是不可得，所以無可取持、無可捨棄、無可作、無可行，這就是入不二法門。」

德頂菩薩說：「煩惱染垢與解脫清淨分別為二。若見煩惱染垢的實性空相，就能明白沒有所謂解脫清淨相，只是隨順於緣起滅相而具垢、淨之別，這就是入不二法門。」

善宿菩薩說：「動與念，分別互相對照為二。**心意不動則無念，無念即無分別**。通達這一點，這就是入不二法門。」

善眼菩薩說：「事物有一相與性空而無相，分別為二。如果**覺知一相即是無相，相本無二，同時也不執著於『無相』這回事，便能證入平等法**，這就是入不二法門。」

妙臂菩薩曰：「菩薩心、聲聞心為二。觀心相空，如幻化者，無菩薩心、無聲聞心，是為入不二法門。」

弗沙菩薩曰：「善、不善為二。若不起善、不善，入無相際而通達者，是為入不二法門。」

師子菩薩曰：「罪、福為二。若達罪性，則與福無異，以金剛慧決了此相，無縛無解者，是為入不二法門。」

妙臂菩薩說：「菩薩心與聲聞心，分別為二。如果了知心相本空，知事物本質是如幻化無實的話，則便沒有菩薩心、聲聞心的分別了，這就是入不二法門。」

弗沙菩薩說：「善與不善，分別為二。**如果不生起善或不善的分別心，通達這一切都是空而無相**的話，這就是入不二法門。」

師子菩薩說：「罪業與福報，分別為二。如果了達罪性是空無，福性也是空無，則罪業與福報便沒有差異分別了。以金剛智慧來了解、決定罪福的實相，能無受縛或解脫的話，這就是入不二法門。」

師子意菩薩曰：「有漏、無漏為二。若得諸法等，則不起漏、不漏想，不著於相，亦不住無相，是為入不二法門。」

淨解菩薩曰：「有為、無為為二。若離一切數，則心如虛空，以清淨慧無所礙者，是為入不二法門。」

那羅延菩薩曰：「世間、出世間為二。世間性空，即是出世間。於其中不入、不出、不溢、不散，是為入不二法門。」

師子意菩薩說：「有漏法與無漏法，分別為二。如果得悟諸法平等的道理，則便不起『漏』與『不漏』的分別想法。**不會著於相，也不會著於無相**，這就是入不二法門。」

淨解菩薩說：「有為法與無為法，分別為二。如果能脫離一切算數差別，則心便能如虛空，能以清淨智慧而無所礙的話，這就是不二法門。」

那羅延菩薩說：「世間與出世間，分別為二。**世間的體性是空性，即是與出世間的本質無異**。在世間、出世間這兩者中，無所謂入，也無所謂出。既不入，則不會滿溢增長；既不出，則不會散壞減少，這就是入不二法門。」

善意菩薩曰：「生死、涅槃為二。若見生死性，則無生死，無縛無解，不生不滅，如是解者，是為入不二法門。」

現見菩薩曰：「盡、不盡為二。法若究竟，盡若不盡，皆是無盡相；無盡相即是空，空則無有盡不盡相。如是入者，是為入不二法門。」

普守菩薩曰：「我、無我為二。我尚不可得，非我何可得？見我實性者，不復起二，是為入不二法門。」

善意菩薩說：「生死流轉與涅槃解脫，分別為二。如果能證見生死的本性空寂，則也就沒有生或死可言，也沒有生死流轉的束縛、沒有涅槃還滅的解脫，如果能這樣理解的話，這就是入不二法門。」

現見菩薩說：「煩惱盡與煩惱不盡，分別為二。可是法若到了究竟，沒有本質上的差別，都是無盡相；明白無盡相就是空，空則沒有盡與不盡的相了。能這樣悟入的話，這就是入不二法門。」

普守菩薩說：「有我與無我分別為二。『我』尚且空不可得，那『無我』何以可得著呢？能理解『我』實性就是空性的話，便不會再生有我與無我的分別了。這就是入不二法門。」

電天菩薩曰：「明、無明為二。無明實性即是明，明亦不可取，離一切數，於其中平等無二者，是為入不二法門。」

喜見菩薩曰：「色、色空為二。色即是空，非色滅空，色性自空。如是受、想、行、識、識空為二，識即是空，非識滅空，識性自空，於其中而通達者，是為入不二法門。」

明相菩薩曰：「四種異、空種異為二。四種性即是空種性，如前際、後際空，故中際

電天菩薩說：「明與無明，分別為二。『無明』的實性就是『明』，『明』的本性也是空不可取。離一切算數差別，能悟入二者平等無二的話，這就是入不二法門。」

喜見菩薩說：「色與色空，分別為二。色的本性即是空，無須色滅了才是空，因為色的性質本身就是空了。受、想、行、識，也是這樣，識與識空相對待為二，但識就是空，無須識滅了才是空，因為識的性質本身也就是空，能於其中不予分別而通達的話，這就是入不二法門。」

明相菩薩說：「地水火風的種異，與虛空的種異，分別為二。然而，四大種的當體均為性空，即是如虛空的種性一樣，四大種無論在產生前際、消

亦空。若能如是知諸種性者，是為入不二法門。」

妙意菩薩曰：「眼、色為二。若知眼性，於色不貪、不恚、不癡，是名寂滅。如是耳聲、鼻香、舌味、身觸、意法為二，若知意性，於法不貪、不恚、不癡，是名寂滅，安住其中，是為入不二法門。」

寂根菩薩曰：「佛、法、眾為二。佛即是法，法即是眾，是三寶皆無為相，與虛空等，

滅後際、或是生滅之際，也都是空性。如果能這樣觀三際，真正瞭解各大種性的話，這就是入不二法門。」

妙意菩薩說：「眼、色分別為二。如果覺知眼本體性空，則觀於所取的色境，是不會起貪、恚、癡念的，這便稱為寂滅。同樣，耳之對境為聲塵，鼻之對境為香塵，舌之對境為味塵，身之對境為觸塵，意之對境為法塵，分別為二，如果覺知種種分別意識的法性皆空，不會起貪、恚、癡的念頭，這便稱為寂滅，並且安住其中，這就是入不二法門。」

寂根菩薩說：「佛、法、僧，分別為二。但**佛即是法，法即是眾，這三寶體性皆空，三者等同虛空無異**，世間一切諸法也是如此。能依隨此道理行

一切法亦爾。能隨此行者，是為入不二法門。」

心無礙菩薩曰：「身、身滅為二。身即是身滅。所以者何？見身實相者，不起見身及見滅身，身與滅身無二無分別，於其中不驚、不懼者，是為入不二法門。」

福田菩薩曰：「福行、罪行、不動行為二。三行實性即是空，空則無福行、無罪行、無不動行。於此三行而不起者，是為入不二法門。」

事的話，這就是入不二法門。」

心無礙菩薩說：「身現、身滅分別為二。但身現即是身滅。為什麼呢？能洞達色身實相者，即不會生起色身及入滅之見，色身及入滅是無二無別的，對於其中現滅變化也能不驚不懼，這就是入不二法門。」

福田菩薩說：「由身口意造作的福行、罪行和不動行，分別為二。但這三行實性即是空。空就沒有福行、罪行、不動行的分別了。對於此三行空性能了達，而且不起執著分別的話，這就是入不二法門。」

華嚴菩薩曰：「從我起二為二。見我實相者，不起二法；若不住二法，則無有識。無所識者，是為入不二法門。」

德藏菩薩曰：「有所得相為二。若無所得，則無取捨。無取捨者，是為入不二法門。」

月上菩薩曰：「闇與明為二。無闇、無明，則無有二。所以者何？如入滅受想定，無闇、無明，一切法相亦復如是，於其中平等入者，是為入不二法門。」

華嚴菩薩說：「從生起我，就有對待，彼、我二者，分別為二。『我』實性空相的話，就不會生起分別為二的想法；若能不執住分別為二的想法，則便沒有分別識。無所識別，這就是入不二法門。」

德藏菩薩說：「有所得與無所得分別為二。如果並沒有我之所得的念頭，即沒有取捨的分別了。沒有取捨的念頭，這就是入不二法門。」

月上菩薩說：「暗與明分別互相對照為二。如果暗實性為空，無暗也就是無明，則不會有明暗分別為二的想法。為什麼呢？因為如果證入於滅受想定，則一切皆無暗無明了，世間一切法相也如明暗同一道理，能於其中不予分別，平等一如看待的話，這就是入不二法門。」

寶印手菩薩曰：「樂涅槃、不樂世間為二。若不樂涅槃、不厭世間，則無有二。所以者何？若有縛，則有解。若本無縛，其誰求解？無縛無解，則無樂厭，是為入不二法門。」

珠頂王菩薩曰：「正道、邪道為二。住正道者，則不分別是邪是正，離此二者，是為入不二法門。」

樂實菩薩曰：「實、不實為二。實見者尚不見實，何況

寶印手菩薩說：「樂住涅槃、不樂住世間，分別互相對照為二。如果能不樂涅槃不厭世間，則二者也就無所分別。為什麼呢？因有了生死的束縛，則才要有解脫生死；若根本無有生死的繫縛，那何來有甚麼需求解脫的呢？無所繫縛與無所解脫，則也沒有樂涅槃或厭世間的分別，這就是入不二法門。」

珠頂王菩薩說：「正道與邪道分別互相對照為二。安住於正道者，不會生起分別是正是邪的想法，脫離此所謂正邪二者的分別相，這就是入不二法門。」

樂實菩薩說：「真實與不真實分別互相對照為二。開悟見實的聖者，尚且不可能見實有，何況在

非實！所以者何？非肉眼所見，慧眼乃能見，而此慧眼，無見無不見，是為入不二法門。」

如是諸菩薩各各說已，問文殊師利：「何等是菩薩入不二法門？」

文殊師利曰：「如我意者，於一切法無言無說，無示無識，離諸問答，是為入不二法門。」

於是文殊師利問維摩詰：「我等各自說已，仁者當說何

虛妄非實中又怎麼能見實有！為什麼呢？**因實相並非肉眼所能得見，而是要以慧眼才能看得見**，且是無所見，又無所不見的，這就是入不二法門。」

這些菩薩各各解說完了之後，維摩詰便問文殊菩薩：「你認為甚麼是菩薩所應悟入的不二法門呢？」

文殊師利說：「以我的意見，由於一切色法皆空，是無語言能說得出來，無文字能圖示識別出來，是離開各種問答解釋的，這就是為菩薩所應悟入的不二法門。」

接著文殊師利反問維摩詰：「我們都各自說出了己見，那麼仁者，你又認為甚麼是菩薩所應悟入

等是菩薩入不二法門？」

時維摩詰默然無言。

文殊師利歎曰：「善哉！善哉！乃至無有文字、語言，是真入不二法門。」

的不二法門呢？」

這時，維摩詰卻竟默然無言。

文殊師利隨即讚歎：「好啊！好啊！直至無法以文字語言詮釋的，這才是菩薩真正所應悟入的不二法門。」

第10品　香積佛品第十

為什麼大菩薩所吃剩下的飯，
無論多少人來吃，
吃一劫那麼久也吃不完？

【釋題】

「香」指香塵，「積」是積藏，佛名「香積」，為該佛的正報色身，是由眾多的功德妙香積聚而成。香積佛的國土中如其名，所有東西都能發出香氣，包括人。此世界沒有聲聞、緣覺界，都是清淨的菩薩大眾。眾生沒有文字語言，是以香氣來溝通，佛弟子坐在香樹下，聞著樹上所發出的香氣，就能明白和領悟佛理。

【要義】

維摩詰演示神奇絕技，派遣化菩薩往上方四十二恆沙佛土之外的眾香國，取回佛所吃剩的香飯，授予眾會吃飽，呈現維摩詰不可思議的神通力，並將眾香國景象，展現在大眾眼前。在眾香國佛土中的正報大眾都是菩薩，依報環境全都清淨莊嚴，維摩詰藉機說娑婆世界的菩薩由於有十事善法，其一世饒益眾生，勝於眾香國菩薩百千劫修行。又說菩薩成就八法，生於淨土以證淨佛國土不可思議之事。

於是舍利弗心念：「日時欲至，此諸菩薩當於何食？」

時維摩詰知其意而語言：「佛說八解脫，仁者受行，豈雜欲食而聞法乎？若欲食者，且待須臾，當令汝得未曾有食。」

時維摩詰即入三昧，以神通力示諸大眾，上方界分過四十二恒河沙佛土，有國名眾香，佛號香積，今現在，其國香氣，比於十方諸佛世界人、天之香，最為第一。彼土無有

那時，舍利弗心中想著：「快將中午時分了，這麼多菩薩們怎麼吃飯呢？」

維摩詰立即知道他的心意，繼而就對舍利弗說：「如來教說過八解脫，你們應信受奉行，豈能有雜念想著世俗的飲食而不專心聽聞佛法呢？若想吃東西的話，且稍待片刻，會讓你們吃到從未嚐過的美食。」

說罷，維摩詰隨即進入三昧禪定，以神通力展示給眾人看到，遠在世界的上方部份有超過四十二恒河沙數的佛國土，其中有名眾香的國土，佛號稱為香積，截止至今，那國土的香氣，比較於十方各佛土世界，無論天上人間的香味也要優勝。香積佛的國土中沒有聲聞、緣覺界，有的都是清淨的菩薩

聲聞、辟支佛名，唯有清淨大菩薩眾，佛為說法。其界一切，皆以香作樓閣，經行香地，苑園皆香，其食香氣，周流十方無量世界。時彼佛與諸菩薩方共坐食，有諸天子皆號香嚴，悉發阿耨多羅三藐三菩提心，供養彼佛及諸菩薩，此諸大眾莫不目見。

時維摩詰問眾菩薩言：「諸仁者！誰能致彼佛飯？」以文殊師利威神力故，咸皆默然。維摩詰言：「仁此大眾，

大眾。佛為他們說法，菩薩界則一切皆以香代替，不論衣、食、住、行都是用香造的。香積國菩薩以香為養料，香氣四溢流遍十方無量世界。那時，香積佛與諸眾菩薩方才共坐食法，在場有多位名號同稱香嚴的天子，他們皆在食法中發了無上正等正覺心，正要供養香積佛及諸眾菩薩，這些情景全都給維摩詰室內的大眾清楚看見了。

這時，維摩詰問會中的眾菩薩：「各位大德！誰個願意到香積佛處帶些飯回來呢？」可是，有礙於文殊師利的威德神力，眾人皆默不作聲，沒有回應。維摩詰便說：「怎麼多仁人大士，這不是有點

無乃可恥？」

文殊師利曰：「如佛所言，勿輕未學。」

於是維摩詰不起於座，居眾會前，化作菩薩，相好光明，威德殊勝，蔽於眾會，而告之曰：「汝往上方界分，度如四十二恒河沙佛土，有國名眾香，佛號香積，與諸菩薩方共坐食。汝往到彼，如我辭曰：『維摩詰稽首世尊足下！致敬無量，問訊起居，少病少惱，氣力安不？願得世尊所食之

丟臉嗎？」

文殊師利說：「佛陀不是說過不要輕視初學者嗎？」

於是維摩詰未離開座位，就在會眾面前幻化出一位化身菩薩。化身菩薩相好莊嚴，光明耀目，威德神態遠勝會中的大眾，維摩詰繼而對化身菩薩說：「你前往上方世界，度過四十二恆河沙數的佛國土，其中有一個國號名眾香的國土，佛號稱為香積的如來，他正與眾菩薩坐在一起進食。你到那裡去按我的話說：『維摩詰稽首向世尊足下頂禮致敬！並致以無量敬意問候世尊起居安好，是否少病少惱，氣力安然無恙呢？希望世尊把吃剩餘的飯，施捨一些給娑婆世界作為佛事，讓那些樂於小乘

餘，當於娑婆世界施作佛事，令此樂小法者得弘大道，亦使如來名聲普聞。』」

時化菩薩即於會前，昇於上方，舉眾皆見其去，到眾香界，禮彼佛足，又聞其言：「維摩詰稽首世尊足下！致敬無量，問訊起居，少病少惱，氣力安不？願得世尊所食之餘，欲於娑婆世界施作佛事，使此樂小法者得弘大道，亦使如來名聲普聞。」

彼諸大士見化菩薩，歎未

法者得入宣弘大乘佛道，也使香積如來的名聲遠播。』」

當時，化身菩薩在於眾人面前，升往空中前去上方世界。所有人都看見他去到眾香國界，然後向佛頂足行禮，又聽聞他說：「維摩詰稽首向世尊足下行禮！並致以無量敬意問候世尊起居安好。是否少病少惱，氣力安然無恙呢？希望世尊把吃剩餘的飯，施捨一些給娑婆世界作為佛事，讓那些樂於小乘法者得入宣弘大乘佛道，也使香積如來的名聲遠播。」

眾香國的菩薩見到化身菩薩前來，都讚歎前所

曾有：「今此上人從何所來？娑婆世界為在何許？云何名為樂小法者？」即以問佛。佛告之曰：「下方度如四十二恒河沙佛土，有世界名娑婆，佛號釋迦牟尼，今現在。於五濁惡世，為樂小法眾生敷演道教；彼有菩薩名維摩詰，住不可思議解脫，為諸菩薩說法，故遣化來，稱揚我名，并讚此土，令彼菩薩增益功德。」

彼菩薩言：「其人何如，乃作是化？德力無畏，神足若

未有：「這位高人是從那裡來的呢？娑婆世界究竟在那裡？甚麼是樂於小乘法者？」他們就問香積佛。香積佛告訴他們說：「遠在世界的下方部份有超過四十二恒河沙數的佛國土，其中有名娑婆的世界，佛號稱為釋迦牟尼。截止至今，釋迦牟尼佛仍為於五濁惡世中，教化喜樂小乘法的眾生菩薩道的教法。那裡有一位菩薩，名叫維摩詰，他已安定住於不可思議解脫的境界中，因為要向釋迦牟尼佛的諸眾菩薩說法，他遣派化身菩薩前來，稱頌表揚我的名號，並讚美這香積國土，以令那些菩薩增加功德受益。」

香積國的菩薩說：「那位維摩詰居士是何許人，能幻化出這樣的化身？一定有無所畏的威德神

斯！」佛言：「甚大！一切十方皆遣化往，施作佛事，饒益眾生。」

於是香積如來以眾香鉢盛滿香飯，與化菩薩。時彼九百萬菩薩俱發聲言：「我欲詣娑婆世界供養釋迦牟尼佛，并欲見維摩詰等諸菩薩眾。」佛言：「可往。攝汝身香，無令彼諸眾生起惑著心。又當捨汝本形，勿使彼國求菩薩者，而自鄙恥。又汝於彼莫懷輕賤，而作礙想。所以者何？十方國土，皆如虛

力，神通如此厲害！」香積佛說：「維摩詰的本領甚大！十方一切佛國土，他皆可遣派化身前往，並在那裡廣做佛事以饒益眾生。」

於是香積佛以香鉢盛滿香飯，給了這位化身菩薩。這時那國土的九百萬菩薩齊聲同說：「我想到前往娑婆世界去供養釋迦牟尼佛，並想會見維摩詰和那裏的菩薩。」香積佛說：「可前往的，但要收攝你們的身香，以免令那裡的眾生惹起迷惑貪著心。**又應改變你們的身形，勿使那國土追求成為菩薩的人，感到自卑羞恥。同時你們不要對他們懷有輕賤而作嫌惡的想法**。為什麼呢？十方所有國土，皆如虛空。再者，很多佛陀都會為想化導那些樂於小乘法的眾生，沒有盡其所能示展現佛土的清淨

空。又諸佛為欲化諸樂小法者，不盡現其清淨土耳！」

時化菩薩既受鉢飯，與彼九百萬菩薩俱，承佛威神，及維摩詰力，於彼世界，忽然不現，須臾之間，至維摩詰舍。

時維摩詰即化作九百萬師子之座，嚴好如前，諸菩薩皆坐其上。是化菩薩以滿鉢香飯與維摩詰，飯香普熏毘耶離城，及三千大千世界。時毘耶離婆羅門、居士等，聞是香氣，身意快然，歎未曾有！於是長者

啊！」

於是，化身菩薩接受滿鉢香飯，與那九百萬菩薩，一同承蒙香積佛的威能和維摩詰的神力，於眾香國土忽然消失，在一瞬之間便來到了維摩詰室中。

那時，維摩詰隨即再變出多九百萬的師子座，但室中仍嚴如之前一樣，眾菩薩們全都上坐。此時化身菩薩就將滿鉢香飯交與維摩詰，那飯香即時瀰漫整個毗耶離大城，遍及三千大千世界。這時候，毗耶離城中的婆羅門、在家居士等，當聞到這些香氣，頓然身心舒暢，讚歎是前所未有的香味！而城中的首富月蓋，更帶著八萬四千人，來到維摩詰

主月蓋從八萬四千人，來入維摩詰舍。見其室中菩薩甚多，諸師子座，高廣嚴好，皆大歡喜，禮眾菩薩及大弟子，卻住一面。諸地神、虛空神及欲、色界諸天，聞此香氣，亦皆來入維摩詰舍。

時維摩詰語舍利弗等諸大聲聞：「仁者可食，如來甘露味飯，大悲所熏，無以限意食之，使不消也。」有異聲聞念：「是飯少，而此大眾人人當食？」

住處，**看見維摩詰室中，竟然有如此眾多的菩薩和師子寶座，既高廣又莊嚴**，令月蓋等人看得皆大歡喜。他們紛紛上前向眾菩薩及佛弟子們禮敬，然後站到一旁。此外，各處的土地神、虛空神和欲界色界的諸眾天神，也因聞了這香氣，也都來到維摩詰住處。

這時，維摩詰便對舍利弗等諸眾聲聞弟子說：「大德們請食用這如來甘露的美味香飯吧，此飯是以大悲心所熏和合，故莫懷以為份量有限的意念來進食，否則不能消化吸收的。」可是，有些聲聞心裡卻在嘀咕：「這麼少的飯，怎麼足夠目前這麼多的人吃呢？」

化菩薩曰：「勿以聲聞小德小智，稱量如來無量福慧！四海有竭，此飯無盡！使一切人食，揣若須彌，乃至一劫，猶不能盡。所以者何？無盡戒、定、智慧、解脫、解脫知見功德具足者，所食之餘，終不可盡。」於是鉢飯悉飽眾會，猶故不儩。其諸菩薩、聲聞、天、人，食此飯者，身安快樂，譬如一切樂莊嚴國諸菩薩也；又諸毛孔皆出妙香，亦如眾香國土諸樹之香。

化身菩薩說：「不要以聲聞乘的功德智慧，去衡量如來無量的福德智慧啊！**須知即使四大海洋也有可能枯竭，但這鉢香飯是絕不會吃完的！縱使天下所有人一起來吃，食量如須彌山那麼大，長時間至一劫那麼久，也不會吃完。**為什麼呢？因**這鉢香飯是無盡的戒、定、慧、解脫、解脫知見等功德具足的大菩薩所吃剩下的飯，所以無論多少人來吃也吃不完。**」果然，這鉢香飯讓會中眾人飽餐之後，還是吃不完的。其中有很多菩薩、聲聞和天人，吃過此香飯都覺身安快樂，就好像那些充滿一切喜樂莊嚴佛土的諸菩薩；同時他們全身的毛孔皆散發奇妙的香氣，就好像是眾香國的樹木香味一樣。

爾時維摩詰問眾香菩薩：「香積如來以何說法？」

彼菩薩曰：「我土如來無文字說，但以眾香令諸天、人得入律行。菩薩各各坐香樹下，聞斯妙香，即獲一切德藏三昧。得是三昧者，菩薩所有功德皆悉具足。」

彼諸菩薩問維摩詰：「今世尊釋迦牟尼以何說法？」

維摩詰言：「此土眾生剛強難化，故佛為說剛強之語以調伏之。如是剛強難化眾生，

這時，維摩詰問眾香國菩薩們：「香積如來是怎樣為你們說法的呢？」

眾香國菩薩們回答：「我佛國土的如來是不以文字說法的，只是以眾香熏習大眾，令大眾守持戒律。而菩薩則會各自坐於香樹下，聞著樹木所散發的妙香，即能獲一切功德的深厚定力。得此種定力的話，則菩薩所應有的功德便完全俱備了。」

然後眾香國菩薩們問維摩詰：「現今釋迦牟尼佛又是怎樣說法的呢？」

維摩詰說：「這國土的眾生很頑固，難以教化，故佛為眾生說法就用剛烈強硬的言語來調教折伏。像這樣頑固剛強，難以教化的眾生，所以要以

故以一切苦切之言，乃可入律。」

彼諸菩薩聞說是已，皆曰：「未曾有也！如世尊釋迦牟尼佛，隱其無量自在之力，乃以貧所樂法，度脫眾生；斯諸菩薩亦能勞謙，以無量大悲，生是佛土。」

維摩詰言：「此土菩薩於諸眾生大悲堅固，誠如所言。然其一世饒益眾生，多於彼國百千劫行。所以者何？此娑婆世界有十事善法，諸餘淨土之

費盡一切苦心及懇切的宣言，才可以使眾生走上成佛的道路。」

眾香國菩薩們聽聞維摩詰這樣說，皆讚歎：「真是前所未有的偉大啊！世尊釋迦牟尼佛，隱藏他自在無量的佛力，而以此土眾生所樂於接受的方法來調教度脫眾生；而願意投生此土的菩薩，也都是謙恭且任勞任怨，懷有無量的大悲心，來生此娑婆世界。」

維摩詰答：「確實像你們所說的，此土菩薩對於救度這些眾生，的確要懷有堅固無比的大悲心。然而，他們一生饒益此土眾生的功德，卻遠多於在其他佛土歷百千劫的修行。為什麼呢？因為此娑婆世界，有十種善法要奉行，這是其他清淨佛土所沒

所無有。何等為十？以布施攝貧窮，以淨戒攝毀禁，以忍辱攝瞋恚，以精進攝懈怠，以禪定攝亂意，以智慧攝愚癡，說除難法度八難者，以大乘法度樂小乘者，以諸善根濟無德者，常以四攝成就眾生，是為十。」

彼菩薩曰：「菩薩成就幾法？於此世界行無瘡疣，生于淨土。」

維摩詰言：「菩薩成就八法，於此世界行無瘡疣，生于

有的。哪十種善法呢？(1) 以布施濟度貧窮 (2) 以清淨戒律攝化毀壞禁犯戒 (3) 以忍辱化除瞋怒 (4) 以精進努力克服懈怠 (5) 以禪定止息亂意 (6) 以智慧攝化愚癡 (7) 為度八種難有佛緣的眾生而說克服難的方法 (8) 以大乘佛法度化滿足於小乘眾 (9) 教化各種行善的根本法，以濟度沒有功德的眾生 (10) 經常以布施、愛語、利行、同事等四攝法來幫助眾生成就佛道，這就是娑婆世界的十善法。」

眾香國菩薩們又問：「那麼，菩薩要實行哪些法門，才能於此娑婆世界渡生去除瘡疣苦惱，使眾生生活於淨土中呢？」

維摩詰說：「菩薩要實行八種法門，才能於此娑婆世界渡生去除瘡疣苦惱，使眾生生活於淨土之

淨土。何等為八？饒益眾生，而不望報；代一切眾生受諸苦惱，所作功德盡以施之；等心眾生，謙下無礙；於諸菩薩視之如佛；所未聞經，聞之不疑；不與聲聞而相違背；不嫉彼供，不高己利，而於其中調伏其心；常省己過，不訟彼短，恒以一心求諸功德，是為八法。」

維摩詰、文殊師利於大眾中說是法時，百千天、人皆發阿耨多羅三藐三菩提心，十千菩薩得無生法忍。

中。哪八種法門呢？(1)要饒益眾生而不企望回報(2)要為眾生承受一切苦惱，並將所積功德迴向給眾生(3)以平等心看待任何眾生，保持謙下(4)要對待其他菩薩就像尊敬佛一樣(5)要對從未聽聞的經典，聽後不產生疑惑(6)不要與聲聞乘的人互相衝突(7)不要嫉妒別人得到好的供養，不要炫耀自己所得的功德利益，要調伏自己的心念(8)要經常反省自己的過失，別議論他人的短處，一心一意地從事所有行善功德，這就是菩薩應當修行的八種法門。」

就在維摩詰和文殊師利於大眾中論說這些佛法的時候，已有成千上百的天人，皆發心求無上正等正覺，有數以萬計的菩薩獲得證悟無生無滅的智慧。

第11品　菩薩行品第十一

為什麼菩薩故意落入生死輪迴？

為什麼菩薩不住無為法，
又不斷絕有為法？

【釋題】

「菩薩」為覺悟的有情眾生。本品中的「盡無盡解脫法門」，為菩薩的特行，說明菩薩的法門無盡，願行無邊，所以叫做「菩薩行品」。

【要義】

釋迦佛教眾香國菩薩「不盡有為，不住無為」法門，說明菩薩的法門無盡、願行無邊。菩薩要度化眾生，雖證涅槃，需要留煩惱因緣以示現於六道眾生，在無為觀點下行有為之事。

維摩詰即以神力，持諸大眾并師子座，置於右掌，往詣佛所。到已著地，稽首佛足，右遶七匝，一心合掌，在一面立；其諸菩薩即皆避座，稽首佛足，亦繞七匝，於一面立；諸大弟子、釋、梵、四天王等，亦皆避座，稽首佛足，在一面立。

於是世尊如法慰問諸菩薩已，各令復坐，即皆受教。眾坐已定，佛語舍利弗：「汝見菩薩大士，自在神力之所為

於是維摩詰隨即以神通力，將所有會眾和獅子寶座，全部放在他的右掌上，然後前往佛的所在處。到達後便把大眾放下來，大家在佛足前稽首敬禮，再合掌右繞七圈，就退到一邊。隨後，所有其他菩薩，也全部即刻起身離座，在佛足前稽首敬禮，同樣繞佛七圈後，然後退到一旁。佛的各大弟子、大梵天王、帝釋天等，亦紛紛起身離座，在佛足前稽首敬禮，全部退到一旁。

此時，世尊依慣常儀禮向諸眾菩薩逐一慰問，並讓他們回到自己的座位準備受教。待大家都坐定後，佛就對舍利弗說：「你見識過菩薩大士維摩詰的自在神力了嗎？」

乎？」

「唯然，已見！」

「於汝意云何？」「世尊！我覩其為不可思議，非意所圖，非度所測。」

爾時阿難白佛言：「世尊！今所聞香，自昔未有，是為何香？」

佛告阿難：「是彼菩薩毛孔之香。」

於是舍利弗語阿難言：「我等毛孔亦出是香。」

阿難言：「此所從來？」

舍利弗回答：「是的，我見識到了！」

佛說：「那你有什麼感想呢？」

舍利弗回答：「世尊！我見到他的神通力真是不可思議，簡直意想不到，高深莫測。」

這時，阿難又對佛說：「世尊！這裡有一股香氣，是以前從未有過的，究竟這香氣是從那裡來的呢？」

佛告訴阿難說：「這香氣是從眾香國菩薩們的毛孔散發出來呀。」

此時，舍利弗亦對阿難說：「我們的毛孔也有這香氣散發出來。」

阿難問：「我們的香氣是怎樣得來的呢？」

曰：「是長者維摩詰，從眾香國，取佛餘飯，於舍食者，一切毛孔皆香若此。」

阿難問維摩詰：「是香氣住當久如？」

維摩詰言：「至此飯消。」

曰：「此飯久如當消？」

曰：「此飯勢力至於七日，然後乃消。又阿難！若聲聞人未入正位，食此飯者，得入正位，然後乃消；已入正位，食此飯者，得心解脫，然後乃消；

舍利弗說：「是維摩詰居士從眾香國向香積佛取來的剩飯，在維摩詰室中讓大家吃過的，全身所有毛孔都有這香氣散發出來。」

阿難問維摩詰：「我們的香氣會維持多久呢？」

維摩詰說：「直到這個飯消化完為止。」

阿難說：「那麼這飯要多久才會完全消化呢？」

維摩詰說：「這飯的力量基本上維持七日，之後便會消化完了。不過，阿難！如果尚未證得阿羅漢正位的聲聞學者吃了這飯，則會在他們證得阿羅漢果位時才會消化掉；如果已證得正位的阿羅漢吃了這飯，則會在他們得解脫之時才會消化掉；如果

若未發大乘意，食此飯者，至發意乃消；已發意食此飯者，得無生忍，然後乃消；已得無生忍，食此飯者，至一生補處，然後乃消。譬如有藥，名曰上味，其有服者，身諸毒滅，然後乃消。此飯如是，滅除一切諸煩惱毒，然後乃消。」

阿難白佛言：「我從今已往，不敢自謂以為多聞。」

佛告阿難：「勿起退意！所以者何？我說汝於聲聞中為最多聞，非謂菩薩。且止，阿

尚未發心求大乘佛法的人吃了這飯，則會在他們發佛覺心之時才會消化掉；如果已發佛覺心的人吃了這飯，則會在他們得不生不滅的無上智時才會消化掉；如果已得不生不滅的無上智的人吃了這飯，則會在他們成一生候補佛時才會消化掉。有如最上等的良藥一樣，服食了的話，便會把體內全部有害物清除才消失效力；這飯也是如此，要等到進食者的所有煩惱都消除後，才會消化掉的。」

阿難對佛說：「從今以後，我再也不敢自稱是多聞第一了。」

佛告訴阿難說：「勿生起退轉的心！為什麼呢？因為我是說你在聲聞眾中多聞第一，而非在菩薩大眾中。且慢，阿難！那些智者（羅漢）的神通

難！其有智者不應限度諸菩薩也；一切海淵尚可測量，菩薩禪定、智慧、總持、辯才一切功德不可量也。阿難！汝等捨置菩薩所行，是維摩詰一時所現神通之力。一切聲聞、辟支佛於百千劫，盡力變化所不能作。」

佛告諸菩薩：「有盡無盡解脫法門，汝等當學。何謂為盡？謂有為法；何謂無盡？謂無為法。如菩薩者，不盡有為，不住無為。」

有一定的限度，不應與諸菩薩的神通相比啊。因為任何大海的深度尚可測量，唯有菩薩的禪定智慧，總持陀羅尼和無礙辯才等一切功德，卻是不可量度的啊。阿難！你們羅漢所捨棄擱置修習的菩薩行，就是維摩詰在很短的時間內展現出不可思議的神通力。就算一切聲聞和緣覺，費了百千劫的時間，盡力地去學習神通變化也無法完成的呀。」

佛對眾香國菩薩們說：「有兩種法門，叫**有盡解脫法門**及**無盡解脫法門**，是你們應當好好學習的。什麼叫做**有盡**？指的就是有為法；什麼叫做**無盡？指的就是無為法。如果作為一個大乘菩薩，就不應該偏廢有為法，也不能住執於無為法。**」

「何謂不盡有為？謂不離大慈，不捨大悲；深發一切智心，而不忽忘；教化眾生，終不厭倦；於四攝法，常念順行；護持正法，不惜軀命；種諸善根，無有疲厭。志常安住，方便迴向；求法不懈，說法無悋；勤供諸佛。故入生死而無所畏；於諸榮辱，心無憂喜；不輕未學，敬學如佛；墮煩惱者，令發正念，於遠離樂，不以為貴；不著己樂，慶於彼樂。在諸禪定，如地獄想；於生死

「什麼叫做不全然偏廢有為法呢？就是不背離大慈，不捨棄大悲；深發大願追求一切智慧的決心，要堅持不容有片刻遺忘。教誨化導眾生，要永無厭倦的情緒；經常念記實行佈施、愛語、利行、同事等四種攝受眾生的方法；要為護持佛教正法，不惜捐軀捨命；努力修持種下諸善法之根本，要沒有疲厭的感覺。志願堅固常安住一切功德法中，以善巧方便作願迴向眾生；求學佛法要持續不懈，為眾說法要毫無吝惜；殷勤不倦地供養諸佛。**故意落入生死輪迴而無所畏懼**；對於世間的榮辱，淡然無憂傷喜樂；**不要輕視初學佛的人，對學佛的人則要尊敬如佛**；對陷於煩惱中的人，要令他引發正確的觀念，對於能出家遠離樂，不要自以為高貴；不要

中，如園觀想；見來求者，為善師想；捨諸所有，具一切智想；見毀戒人，起救護想；諸波羅蜜，為父母想；道品之法，為眷屬想。發行善根，無有齊限；以諸淨國嚴飾之事，成己佛土；行無限施，具足相好；除一切惡，淨身口意。生死無數劫，意而有勇；聞佛無量德，志而不倦。以智慧劍，破煩惱賊；出陰界入，荷負眾生，永使解脫。以大精進，摧伏魔軍，常求無念實相智慧行；於世間

貪著一己禪定之樂，應慶幸他人之樂。雖住於定境，能做地獄觀；貪著在各種禪定之樂，那麼跟下地獄是沒有太大的差別；於生死輪迴過程中，卻能視為遊園觀賞的歷程；遇見前來求法的人，視為良師益友看待；**應當捨離一切心所取著，住於一切智**；遇見有毀禁犯戒的人，要生起救度幫助他的想法；應以六度波羅蜜視為法身父母，要把三十七道品視為眷屬來想。發起行動修持善法之根本，是無止境限量的；以種種佛土莊嚴的設施，用以圓滿自己的佛土；行無限的布施，具足莊嚴德相；斷除一切惡業，清淨身、口、意三業。流轉生死於無數劫，慈意而勇猛無畏；聽聞佛的無量功德，立志追求而永無倦意；要藉著智慧這把利劍，以擊破眾生各種

法少欲知足，於出世間求之無厭，而不捨世間法，不壞威儀法而能隨俗。起神通慧，引導眾生，得念總持，所聞不忘。善別諸根，斷眾生疑；以樂說辯，演法無礙。淨十善道，受天、人福；修四無量，開梵天道。勸請說法，隨喜讚善，得佛音聲；身口意善，得佛威儀。深修善法，所行轉勝；以大乘教，成菩薩僧；心無放逸，不失眾善。行如此法，是名菩薩不盡有為。」

煩惱賊；要出入於五蘊、十八界、十二入，荷負濟度眾生永遠使他們獲得解脫的責任。當要以強大勇猛的精進力，來摧伏挫敗諸煩惱魔軍，常求於無妄念，進入實相智慧的境界；在世間做到少欲知足，所以能在出世間求之不厭，而不捨離世間，既不破壞菩薩的威儀，而又能隨順俗法。要起用神通方便智慧來攝引化導眾生，得強憶念入一切法總持，能夠過目不忘。要善於識別眾生諸根認知機能的利鈍，隨其所應而為說法以破解眾生的疑慮；要以樂說無窮的辯才，通達無礙地演說佛法。勤修淨行十善道，得受生為天、人的福報；修行慈悲喜捨四無量心，開闢通往梵天的道路。勸請世尊說法度眾生，隨心生喜悅讚嘆稱善，得如佛一樣清淨法音的

「何謂菩薩不住無為？謂修學空，不以空為證；修學無相、無作，不以無相、無作為證；修學無起，不以無起為證。觀於無常，而不厭善本；觀世間苦，而不惡生死；觀於無我，而誨人不倦；觀於寂滅，而不永滅；觀於遠離，而身心修

果報；身口意三業清淨，得如佛一樣威儀的果報。應深入勤修善法功德，所作行止便會日益殊勝；要以大乘教義闡揚佛法，成為行菩薩道的僧侶；要攝持身心謹慎無放逸，才不漏失所有眾善功德。修習實踐這種法門，就叫做菩薩不盡有為。」

「什麼叫做菩薩不住無為呢？就是**修習空**，卻**不執著於空**；**修學無相、無作**，卻**不執著無相、無作為證**；雖修定空心不起念，卻不以心無念為證；雖了達諸行無常，卻不厭無常而常植善本；雖了達世間是苦，卻不厭惡生死世間；雖了達諸法無我，卻不厭倦教誨眾生；雖了達諸相是寂滅，卻能不住涅槃不寂滅；雖樂於遠離人群，但身心修善勤於精進；雖觀照諸法無所歸，但以一切善法為歸趣；

善；觀無所歸，而歸趣善法；觀於無生，而以生法荷負一切；觀於無漏，而不斷諸漏；觀無所行，而以行法教化眾生；觀於空無，而不捨大悲；觀正法位，而不隨小乘；觀諸法虛妄，無牢無人、無主無相，本願未滿，而不虛福德、禪定、智慧。修如此法，是名菩薩不住無為。」

「又具福德故，不住無為；具智慧故，不盡有為。大慈悲故，不住無為；滿本願故，

雖觀照入於諸法無生無滅，又能以世間生滅法擔起濟度眾生的重任；雖觀照入於清淨無漏，但又能不斷絕世間的煩惱；雖觀照行六度無所行，但以行法教化眾生；雖觀照諸法緣起性空，卻能不捨棄大悲心；觀照入於正法位，不隨小乘法在捨報的時候進入無餘涅槃為證。雖觀諸法虛妄不真，無牢固可言，無人我可言、無自主可言、無相可言，但救度眾生的本願尚未圓滿，因而不會放棄對福德、禪定和智慧的修行。能修習這樣的法門，就叫做菩薩不住無為。」

「總之，因為**菩薩具足福德，所以不住無為法**；因為**具足般若智慧，所以不盡有為法**。因為對眾生懷有大慈悲，所以不住無為法；因為圓滿其度

不盡有為。集法藥故，不住無為；隨授藥故，不盡有為。知眾生病故，不住無為；滅眾生病故，不盡有為。諸正士菩薩以修此法，不盡有為、不住無為，是名盡無盡解脫法門，汝等當學！」

化眾生的本願，所以沒有斷絕一切有為法。因為菩薩採集法藥以治三毒，所以不住無為法；因為要依隨眾生病而授予法藥，所以沒有斷絕一切有為法。因為**菩薩清楚眾生病的根源，所以不住無為法**；因為**滅除眾生的病患，所以沒有斷絕一切有為法**。這就是菩薩修行的不盡有為法和不住無為法，是為有盡、無盡解脫法門，這是你們應當好好學習的！」

第12品　阿閦佛品第十二

如來的法身是住在生死此岸、
住在涅槃彼岸，
還是住在兩岸中流呢？

諸法有「先滅」而「後生」嗎？

【釋題】

阿閦佛位居於東方世界，乃東方妙喜淨土教主。梵語「阿閦」，譯為「無動」，因受大目如來啟發，發起「對一切眾生不起瞋恚的誓願」，故得名「阿閦」。阿閦就是不瞋恚、無憤怒的意思，所以也名為不動或無動。照理而言，東方有動的象徵，有如四季中的春天，然東方的阿閦佛其意義為「不動」，意味著佛於群動之中，不為群動所動，達乎動而不動，無動而無不動的境界。

【要義】

本品首先從佛陀與維摩詰的問答中，可知佛身不著有相，不著無相，不落二邊，不可以言說分別。並舍利弗問維摩詰「於何沒而來生此」說明因緣所生之法本來空寂，無有沒生。次說維摩詰承如來命，接取妙喜淨土，捶入娑婆世界，不是放大娑婆世界以容妙喜世界，也不是收小妙喜世界以入娑婆世界，如是淨穢齊現。由此可見，淨土與穢土都是當下之事。本品末後並歎此經具六益。

爾時世尊問維摩詰：「汝欲見如來，為以何等觀如來乎？」

維摩詰言：「如自觀身實相，觀佛亦然。我觀如來前際不來，後際不去，今則不住。不觀色，不觀色如，不觀色性。不觀受、想、行、識，不觀識如，不觀識性，非四大起，同於虛空。六入無積，眼、耳、鼻、舌、身、心已過；不在三界，三垢已離。順三脫門，具足三明，與無明等。不一相、

這時，世尊問維摩詰說：「你到此是為見如來的，那麼你是如何觀見如來的呢？」

維摩詰回答說：「就像我觀自身實相一樣去觀照如來。我觀如來以前不曾來過，未來也不會離去，現在也留不住。不以色身觀如來、不以色的本體觀如、不以色的本性觀如來。不觀如來的受相、知相、作相、覺相，不觀如來的識別相、也不觀如來的行相。如來的法身不是由地水火風四大所生，如同虛空般無相。如來的法身超出了六根，超越了眼、耳、鼻、舌、身、意六種感官。如來的法身不在欲界、色界、無色界等三界中，已脫離貪、嗔、痴三垢。如來的法身成就了順三脫無相，具足了三

不異相，不自相、不他相，非無相、非取相。不此岸，不彼岸，不中流，而化眾生。觀於寂滅，亦不永滅。不此不彼；不以此，不以彼。不可以智知，不可以識識。無晦無明，無名無相，無強無弱，非淨非穢。不在方，不離方；非有為，非無為。無示無說。不施不慳，不戒不犯，不忍不恚，不進不怠，不定不亂，不智不愚，不誠不欺，不來不去，不出不入，一切言語道斷。非福田，非不福田；非

明相與無明相等。如來的法身並非特定一相、並非特殊異相、並非自作相、並非他作相、並非虛無作相、並非取境作相。**如來的法身不住生死此岸，不住涅槃彼岸、不住兩岸中流，而住於度化眾生的地方。**如來法身是觀於寂滅但不寂滅，永不消失斷滅。如來法身沒有什麼分別彼此，沒有分別這個如來或那個如來。如來法身不可以世間心智理解，不可以常識識別。如來法身無陰陽晦明之別，無名號形相之別，無強大弱小之別，無清淨污穢之別。如來法身不在十方土，不離十方土；如來法身非有為，也非變易無為；如來法身非形象所能顯示，非語言所能言說。如來無形無相，所以非福田，但如來之化身又是非不福田；如來無形無相不應供養，

應供養，非不應供養；非取非捨。非有相，非無相。同真際，等法性。不可稱，不可量，過諸稱量。非大非小，非見非聞，非覺非知，離眾結縛。等諸智，同眾生，於諸法無分別。一切無失，無濁無惱，無作無起，無生無滅。無畏無憂，無喜無厭無著。無已有，無當有，無今有。不可以一切言說分別顯示。世尊！如來身為若此，作如是觀。以斯觀者，名為正觀；若他觀者，名為邪觀。」

如來之化身又是應當供養；無法取著也不無法捨棄。如來既無相，又有相。如來等同真如、實際，法性完全平等。是無可稱度、無可衡量，是超越一切秤估的。如來可大可小，可見非見，可聞非聞，可覺非覺，可知非知，是脫離所有結構束縛的。如來同諸佛之智，同眾生之體，與一切諸法是無分別的。如來一切無得無失，無混濁污染，無煩擾惱亂，無造作無生起，無生無滅。無所畏懼，無所憂慮，無所喜好，無所厭惡，無所執著。無有已有，無有當有，無有現有；**如來是不可以一切語言、文字顯示分別說明的**。世尊啊！如來法身就是這樣的。能以此觀念去觀照如來，稱為正觀；若以其他觀念去觀如來，稱為邪觀。」

爾時舍利弗問維摩詰：「汝於何沒而來生此？」

維摩詰言：「汝所得法有沒生乎？」

舍利弗言：「無沒生也。」

「若諸法無沒生相，云何問言：『汝於何沒而來生此？』於意云何？譬如幻師，幻作男女，寧沒生耶？」

舍利弗言：「無沒生也。汝豈不聞佛說諸法如幻相乎？」

這時，舍利弗問維摩詰：「你是從何處入滅，而後來投生到這裡的呢？」

維摩詰反問說：「你所證得的法難道有『先滅』而『後生』這回事嗎？」

舍利弗回答說：「並無『先滅』而『後生』這回事的。」

維摩詰說：「既然諸法並無『先滅』『後生』這回事，那你為什麼問我：『你是從何處入滅，而後來投生到這裡的呢？』這話是何意呢？譬如由魔術師變幻出來的男男女女，難道他們有滅彼生此嗎？」

舍利弗說：「他們並無『先滅』而『後生』的。難道你沒有聽過佛說，一切法如幻的道理嗎？」

答曰：「如是！若一切法如幻相者！云何問言：『汝於何沒而來生此？』舍利弗！沒者為虛誑法，敗壞之相；生者為虛誑法，相續之相。菩薩雖沒，不盡善本；雖生，不長諸惡。」

是時佛告舍利弗：「有國名妙喜，佛號無動。是維摩詰於彼國沒，而來生此。」

舍利弗言：「未曾有也。世尊！是人乃能捨清淨土，而來樂此多怒害處。」

維摩詰說：「正是這道理！既是一切法如幻不實！那你為何還要問我：『你是從何處入滅，而後來投生到這裡的呢？』舍利弗啊！**所謂的『消失、散滅』是世間的假相，不過是壞敗的變化現象；所謂的『生起』也是世間的假相，不過是相續的變遷現象。菩薩雖然入滅，卻不喪失所植的善德根本；雖然投生於世，卻不會增長任何惡業的。**」

這時候，佛告訴舍利弗說：「有名妙喜的國土，佛號稱為無動，這位維摩詰就是從那妙喜國入滅而來投生這裡的。」

舍利弗說：「真是非常稀有難得啊。世尊！這位聖人竟能捨離那清淨的佛土，而來樂意留在這個多瞋怒惱害的地方。」

維摩詰語舍利弗：「於意云何？日光出時與冥合乎？」

答曰：「不也！日光出時，即無眾冥。」

維摩詰言：「夫日何故行閻浮提？」

答曰：「欲以明照，為之除冥。」

維摩詰言：「菩薩如是！雖生不淨佛土，為化眾生故，不與愚闇而共合也，但滅眾生煩惱闇耳！」

於是維摩詰心念：「吾當

維摩詰就對舍利弗說：「這話是什麼意思呢？太陽的光明會與黑暗一起存在嗎？」

舍利弗回答說：「不會的！太陽的光明出現時，就不會有任何黑暗了。」

維摩詰說：「那太陽為何要在閻浮提洲（地球）上運行呢？」

舍利弗說：「太陽欲以光明照耀地球，為地球驅除黑暗。」

維摩詰說：「**菩薩正是這樣！雖然投生於不淨的佛土，為的就是教化眾生，不但不會與愚闇的眾生同流合污，更主要是滅除眾生的煩惱黑暗啊！**」

於是維摩詰內心思量：「我應當不離開座席，

不起於座，接妙喜國，鐵圍山川溪谷江河，大海泉源，須彌諸山，及日月星宿、天龍鬼神梵天等宮，并諸菩薩、聲聞之眾，城邑聚落，男女大小，乃至無動如來，及菩提樹，諸妙蓮華，能於十方作佛事者；三道寶階從閻浮提，至忉利天，以此寶階，諸天來下，悉為禮敬無動如來，聽受經法。閻浮提人，亦登其階，上昇忉利，見彼諸天。妙喜世界成就如是無量功德，上至阿迦膩吒天，

就把那妙喜國的一切，包括國土上的鐵圍山川、河流、溪谷、江河湖泊、大海泉源，許多須彌山，還有日月星宿、天龍鬼神、梵天王宮殿等等，以及眾多菩薩、聲聞和城邑聚落的一切男女老幼，甚至無動如來及菩提樹和各種美妙蓮花，就連能在十方世界廣做佛事的一切眾，也以連接天人的三道寶階，從閻浮提直到忉利天，讓諸天神循此階梯下來禮敬無動如來，聽受無動如來講經說法；而閻浮提的眾生，也可以順此階梯登上忉利天得見那些天神。我要把妙喜世界所有成就的無量功德，上至色界頂天的阿迦尼吒天，下至妙喜世界的水面，用我的右手，如陶器工匠旋轉陶輪搬來這娑婆世界，就像拿著花環一般的展示給一切大眾。」當思量過後，隨

下至水際；以右手斷取，如陶家輪，入此世界，猶持華鬘，示一切眾。」作是念已，入於三昧，現神通力，以其右手斷取妙喜世界，置於此土。

彼得神通菩薩及聲聞眾，并餘天、人，俱發聲言：「唯然世尊！誰取我去！願見救護。」無動佛言：「非我所為，是維摩詰神力所作。」其餘未得神通者，不覺不知己之所往。妙喜世界，雖入此土，而不增減，於是世界亦不迫隘，如本無異。

即便入於三昧定中，展現神通，用右手截取妙喜世界，安置到這娑婆世界來。

妙喜國那些已得神通的菩薩和聲聞大眾，以及其餘天人，都齊聲說道：「啊，世尊！是誰將我們帶走了！快救救我們吧。」無動佛說：「這不是我做的，這是維摩詰神力的作用。」至於那些未得神通的大眾，就根本沒有察覺到自己正被帶到別的地方去。而妙喜世界雖已被搬到於這閻浮提洲，但它並沒有因此變小，此閻浮提洲也並未因而顯得迫隘擠擁，跟原來的狀況沒有任何差別。

爾時釋迦牟尼佛告諸大眾：「汝等且觀妙喜世界無動如來，其國嚴飾，菩薩行淨，弟子清白。」

皆曰：「唯然已見。」

佛言：「若菩薩欲得如是清淨佛土，當學無動如來所行之道。」

現此妙喜國時，娑婆世界十四那由他人，發阿耨多羅三藐三菩提心，皆願生於妙喜佛土。釋迦牟尼佛即記之曰：「當生彼國。」時妙喜世界於此國

這時，釋迦牟尼佛告訴大家：「你們觀看妙喜世界和無動如來，他的佛國莊嚴美好，菩薩們都行持清淨，諸眾佛弟子也皆潔白無瑕。」

大家都說：「是的，我們已經看見了。」

釋迦牟尼佛說：「如果各位菩薩們想擁有這樣清淨的佛土，就應當修學無動如來所修證的道理。」

當這妙喜國顯現時，娑婆世界上有十四那由他數目的眾生發了佛覺心，皆祈願將來能出生在妙喜國佛土。釋迦牟尼佛乃隨即為他們授記，說：「未來將會於妙喜國出生的。」這時，維摩詰完成了妙喜國對這娑婆世界所饒益眾生的任務後，就把它歸

土所應饒益，其事訖已，還復本處，舉眾皆見。

佛告舍利弗：「汝見此妙喜世界及無動佛不？」

「唯然已見，世尊！願使一切眾生得清淨土，如無動佛；獲神通力，如維摩詰。世尊！我等快得善利，得見是人親近供養。其諸眾生，若今現在，若佛滅後，聞此經者，亦得善利；況復聞已信解，受持讀誦解說，如法修行。若有手得是經典者，便為已得法寶之

還原來的地方，在場所有的會眾也都親眼目睹。

佛告訴舍利弗說：「你看見了妙喜世界及無動如來了吧？」

舍利弗回答：「我見識到了，世尊！但願一切眾生，得生於有如無動佛那樣清淨的佛國土；得獲有如維摩詰那樣的神通力。世尊！我們竟這麼迅速地獲得善利，得見這些聖人，親近及供養他們。其他的眾生，無論是現在或是佛滅後的，凡聽聞這部經的人，也能獲得善利；何況聽聞後會信解受持、讀誦解說、按照經中所說去修行的人。只有能獲得此經典的人，便是為已得佛法的寶藏；如果有人讀誦此經，解釋其義，按照經中所說去修行，則會

藏；若有讀誦解釋其義，如說修行，即為諸佛之所護念；其有供養如是人者，當知即為供養於佛；其有書持此經卷者，當知其室即有如來；若聞是經能隨喜者，斯人即為取一切智；若能信解此經，乃至一四句偈，為他說者，當知此人，即是受阿耨多羅三藐三菩提記。」

成為被諸佛加護和關懷的人；而供養此人的人，應知道這與供養佛世尊是一樣的；如果有書寫、受持此經卷的人，應當知道那人家中便有如來；如果有人聽聞此經典便能隨之歡喜的話，則那人便得一切智了；如果能信解此經典，那怕只是一偈四句的經文，去為他人演說的話，應當知道此人就會得到成就無上正等正覺的授記。」

第13品　法供養品第十三

各種供養中，
哪種供養最為殊勝呢？

法的供養所宣說的深奧經典，
是分別思惟所能把握的嗎？

【釋題】

「法供養」，有自他利二利之說。就自利而言，就是發菩提心，即聞法後，能夠如說而行；就利他而言，用所聞佛法，隨眾生根機，方便善巧宣說佛法，使眾生去除煩惱發菩提心。

【要義】

本品與最後一品提到如何推廣宣揚本經。首先稱揚聞此經法，信解、受持、讀誦的功德利益，指出信解受持本經，即是以法供養如來。接著明諸供養中，法供養第一。另說明奉行四依：即依義不依語、依智不依識、依了義不依不了義、依法不依人是最高的供養。

爾時釋提桓因於大眾中白佛言：「世尊！我雖從佛及文殊師利聞百千經，未曾聞此不可思議，自在神通，決定實相經典。如我解佛所說義趣，若有眾生聞是經法，信解受持讀誦之者，必得是法不疑，何況如說修行？斯人即為閉眾惡趣開諸善門，常為諸佛之所護念；降伏外學，摧滅魔怨；修治菩提，安處道場；履踐如來所行之跡。世尊！若有受持讀誦如說修行者，我當與諸眷屬

那時，天帝釋提桓因，在群眾中對佛說：「世尊！我雖然跟從如來及文殊利師聽過了百千的經典，但還從未聽過這麼不可思議的自在神通，究竟明瞭實相的經典。以我領會到佛說法的解悟所得，如果有眾生聽聞了此經典的法義，能夠信仰理解、受持讀誦的話，就必定得到此法的真義，更何況能按照此經教說去修行？這些人當會有關上通往惡趣的門，開啟集一切善的門，並時刻受到諸佛加護關懷的；這些人能夠降伏外道，摧破魔障怨敵；修持於菩提，安住於道場；循著如來的道路前進的。世尊啊！如果有人受持讀誦，按照此經教說去修行的話，我與我的眷屬當會作為他的供養給事人員；無論他在村落、在城市、在山林、在曠野，只要在宣

供養給事；所在聚落城邑、山林曠野，有是經處，我亦與諸眷屬，聽受法故共到其所；其未信者，當令生信；其已信者，當為作護。」

佛言：「善哉，善哉！天帝！如汝所說，吾助爾喜。此經廣說過去、未來、現在諸佛不可思議阿耨多羅三藐三菩提。是故，天帝！若善男子、善女人，受持、讀誦、供養是經者，即為供養去、來、今佛。

天帝！正使三千大千世界

講這部經典，我與我的眷屬都會到一起前去聽受佛法。對於未生信心的人，我會讓他生出信心；對於已生信心的人，我一定會加以護佑的。」

佛說：「好極了，好極了！天帝釋！你能這麼說，我更加歡喜了。這部經典廣泛解說了過去、現在和未來諸佛的不可思議無上正等正覺。因此，天帝釋啊！如果有善男子、善女人，接受奉持並讀誦供養這經典的話，便是供養過去、現在和未來的三世諸佛了。

天帝釋！縱使三千大千世界中遍滿如來，數量

如來滿中，譬如甘蔗、竹葦、稻麻、叢林；若有善男子、善女人，或一劫、或減一劫，恭敬尊重，讚歎供養，奉諸所安，至諸佛滅後，以一一全身舍利起七寶塔，縱廣一四天下，高至梵天，表剎莊嚴；以一切華香、瓔珞、幢幡、伎樂微妙第一，若一劫、若減一劫，而供養之。於天帝意云何，其人植福，寧為多不？」

釋提桓因言：「多矣，世尊！彼之福德，若以百千億劫，說不能盡。」

如甘庶叢、竹葦叢和稻麻叢那麼多。如果有善男子、善女人，以一劫甚至超過一劫的時間，進行恭敬、尊重、讚歎、供養，使諸佛得以安住，又在諸佛滅後，逐一興建有佛全身舍利的七寶塔，佛塔高廣有四天下那麼大，高聳達至梵天世界，且有香花、瓔珞、幢幡、伎樂等種種非常微妙美麗的裝飾，以一劫甚至超過一劫的時間，進行供養。天帝釋，你認為這人的福德多不多呢？」

釋提桓因答：「很多，世尊！那人的福德，以百千億劫的時間也說不完。」

佛告天帝：「當知是善男子、善女人，聞是不可思議解脫經典，信解受持，讀誦修行，福多於彼。所以者何？諸佛菩提皆從是生；菩提之相不可限量，以是因緣福不可量。」

佛告天帝：「過去無量阿僧祇劫，時世有佛，號曰藥王如來、應供、正遍知、明行足、善逝、世間解、無上士、調御丈夫、天人師、佛、世尊。世界名大莊嚴，劫曰莊嚴，佛壽二十小劫；其聲聞僧三十六億

佛告訴天帝釋說：「須知道，這善男信女聽聞此不可思議解脫的經典，能信仰理解、接受奉持、讀誦修行，這福德還遠勝於他。為什麼呢？因諸佛的覺悟都是從此不可思議解脫法生起的，得證無上菩提的作用不可限量，因為這緣故，奉持的福德也是不可限量。」

佛繼續對天帝釋說：「在過去無量阿僧祇劫那麼久遠以前，當時世間出現一位佛陀，佛號稱為藥王如來、應供、正遍知、明行足、善逝、世間解、無上士、調御丈夫、天人師、佛、世尊，佛世界名大莊嚴，所處時代叫莊嚴劫。藥王如來在世壽命有二十二小劫；他的聲聞弟子眾有三十六億那由他（佛教數字詞，意為「多到沒有數目可以計算」）

那由他；菩薩僧有十二億。天帝！是時有轉輪聖王，名曰寶蓋，七寶具足，主四天下。王有千子，端正勇健，能伏怨敵。

爾時寶蓋與其眷屬供養藥王如來，施諸所安，至滿五劫。過五劫已，告其千子：『汝等亦當如我，以深心供養於佛。』於是千子受父王命，供養藥王如來，復滿五劫，一切施安。其王一子，名曰月蓋，獨坐思惟：『寧有供養殊過此者？』

那麼多；而菩薩僧眾亦有十二億。天帝釋啊！那時，有位名叫寶蓋的轉輪聖王，他掌握金輪、珠寶、象、馬、庫藏、主兵、玉女等七寶，統轄四天下，生有一千位王子，個個相貌端正，勇健無比，能征服任何敵人。

那時，寶蓋王與他的眷屬，佈施一切以供養藥王如來使能安住，時間長達五劫。在五劫結束後，寶蓋王對諸王子說：『你們應當像我一樣，深懷敬心供養如來。』於是，一千位王子都稟承父命，供養藥王如來，在接下來的五劫裡，他們佈施一切使如來能安住。而千位王子之中，其中一個叫月蓋，他獨自思惟：『有沒有其他更殊勝的方式去供養藥王如來呢？』

以佛神力，空中有天曰：『善男子！法之供養勝諸供養。』即問：『何謂法之供養？』天曰：『汝可往問藥王如來，當廣為汝說法之供養。』

即時月蓋王子行詣藥王如來，稽首佛足，却住一面，白佛言：『世尊！諸供養中，法供養勝。云何為法供養？』

佛言：『善男子！法供養者，諸佛所說深經，一切世間難信難受，微妙難見，清淨無染，非但分別思惟之所能得。

由於佛的神通力，故令天神從空中對他說：『善男子！**法的供養勝過其他一切的供養。**』月蓋立即問：『什麼是法的供養呢？』天神回答：『你可以去問藥王如來，他會為你廣泛解說什麼叫做法的供養。』

那時月蓋王子就去到了藥王如來那裡，頂禮佛足後，退到了一旁，然後對佛說：『世尊！各種供養中，以法的供養最為優勝，那什麼是法的供養呢？』

藥王如來說：『善男子，所謂法的供養，就是宣說諸佛所教的深奧經典，宣說一切被世人難以相信、難以接受的經典，宣說一切微妙難以理解的經典，宣說一切清淨無染的經典，宣說一切絕不是

菩薩法藏所攝，陀羅尼印印之。至不退轉，成就六度，善分別義，順菩提法，眾經之上。入大慈悲，離眾魔事，及諸邪見。順因緣法，無我，無人，無眾生，無壽命，空、無相、無作、無起。

能令眾生坐於道場，而轉法輪，諸天、龍神、乾闥婆等，所共歎譽。

能令眾生入佛法藏，攝諸賢聖一切智慧。說眾菩薩所行之道，依於諸法實相之義。明

分別思惟所能把握的經典。這些經典為菩薩法的寶藏，為陀羅尼咒的印證。已達到不退轉，成就六種波羅蜜；善於分別種種法義，隨順菩提覺悟之法，地位在眾經之上。入大慈悲境地，要遠離一切魔障和邪見。依順因緣法，主張無我、無人、無眾生、無壽命。證悟空、無相、無作、無起諸解脫門。

能令眾生修持佛法坐於道場，使他們轉法輪而贏得諸天、神、龍、鬼及乾達婆等的讚歎。

能令眾生入於佛法寶藏，獲得諸聖賢的一切智慧。要宣說菩薩們所施行的教化，依據一切法的真義為基礎。昭示無常、苦、空、無我、寂滅的法理；

宣無常、苦、空、無我、寂滅之法，能救一切毀禁眾生；諸魔外道及貪著者，能使怖畏；諸佛賢聖所共稱歎。背生死苦，示涅槃樂，十方三世諸佛所說。若聞如是等經，信解受持讀誦，以方便力，為諸眾生分別解說，顯示分明，守護法故，是名法之供養。又於諸法如說修行，隨順十二因緣，離諸邪見，得無生忍；決定無我無有眾生，而於因緣果報無違無諍，離諸我所。依於義，不依語；依於

能救助一切毀禁犯戒的眾生；降服各種魔障、外道及貪著者，使他們畏懼、畏怖；得到諸佛、聖賢的共同稱揚讚歎。要令眾生離生死苦，顯示涅槃樂，為眾生講解十方三世一切諸佛所說。如果聽聞這些佛經，信解、受持、讀誦，以善巧、權宜的方法，為眾生分別解說佛經，清楚顯示段落分明，為的是守護佛法，這就是法的供養。此外，對於諸法要能按照經中教說去修行，要依順十二因緣法，要離棄各種邪見，要證得諸法無生無滅的智慧；要肯定明白一切法無我、無眾生，而對於因緣果報的法則，更應無違拒、無諍辯，要捨離依存自我的心態。能夠**依於義而不依語；依於智而不依識；依於了義經而不依不了義經；依法而不依人**。要隨順在世間法

智，不依識；依了義經，不依不了義經；依於法，不依人。隨順法相，無所入，無所歸。無明畢竟滅故，諸行亦畢竟滅；乃至生畢竟滅故，老死亦畢竟滅。作如是觀，十二因緣，無有盡相，不復起見，是名最上法之供養。』」

佛告天帝：「王子月蓋從藥王佛聞如是法，得柔順忍。即解寶衣嚴身之具，以供養佛，白佛言：『世尊！如來滅後，我當行法供養，守護正法。願

相，了悟諸法無所入，無所歸。要悟無明畢竟是空滅，諸行畢竟亦是空滅；乃至生、老、死也是畢竟空滅。如果能這樣看待十二因緣，認識到十二因緣是相續不斷，無有窮盡的，使眾生不再有分別心而起見惑，這就叫做最上好的法供養。』」

佛再繼續對天帝釋說：「當月蓋王子從藥王如來口中聽到這些法的供養，他得到了認識柔順忍辱的境地，隨即解下身上的衣服和飾物來供養如來，並對佛說：『世尊！在如來入滅離世後，我一定實行法的供養，守護正法。願您以威德神力加護我，

以威神加哀建立，令我得降魔怨，修菩薩行。』佛知其深心所念，而記之曰：『汝於末後，守護法城。』天帝！時王子月蓋，見法清淨，聞佛授記，以信出家，修集善法，精進不久，得五神通，逮菩薩道，得陀羅尼，無斷辯才。於佛滅後，以其所得神通、總持、辯才之力，滿十小劫，藥王如來所轉法輪隨而分布。月蓋比丘以守護法，勤行精進，即於此身，化百萬億人於阿耨多羅三藐三菩提，

哀懇你助我建立成功，令我得以降伏魔障怨敵，修習菩薩所行之道吧。』藥王如來深知月蓋王子的心願，便為他授記預言：『你一定能在佛教的末法時代，成為佛法城堡的守護者。』天帝釋啊！月蓋王子即時見證佛法清淨，聽到了藥王如來的授記預言，便充滿信心地出家，修習功德善法，努力不久，就悟得了五種神通、具足菩薩行道、證得陀羅尼總持智慧和無礙辯才。當藥王如來入滅之後，月蓋便憑他的神通、總持和辯才能力，在長達十小劫的期間，令藥王如來所轉的佛法輪繼續傳教，隨處流布。月蓋比丘以守護佛法為己任，勤行精進，用月蓋比丘的身份化導了百萬億的眾生，使他們於佛覺道上得不退轉；十四那由他的人數，發心成為聲

立不退轉；十四那由他人，深發聲聞、辟支佛心；無量眾生得生天上。天帝！時王寶蓋豈異人乎？今現得佛，號寶炎如來；其王千子，即賢劫中千佛是也。從迦羅鳩孫馱為始得佛，最後如來號曰樓至。月蓋比丘，即我身是。如是，天帝！當知此要，以法供養於諸供養為上為最，第一無比。是故天帝！當以法之供養，供養於佛。」

聞或辟支佛；更使無量多的眾生得生於天上。天帝釋啊！當時那位寶蓋王，豈知是誰嗎？就是今已成佛的寶炎如來啊！他的一千位王子便是賢劫中的千佛，從第一位王子迦羅鳩孫馱佛，到最後第一千位王子號稱樓至如來為止。而那位月蓋比丘，便是我的前身了。所以說，天帝釋啊！須知最重要的是，**法的供養乃一切供養中最上好的供養，是第一無與倫比的了**。所以，天帝釋！應當以法的供養來供養於佛。」

第14品　囑累品第十四

新入門菩薩，
與已久修的菩薩有甚麼區別呢？

【釋題】

「囑」是囑託事情；「累」，為煩爾宣傳、甘而弗勞之義。菩薩是佛的真子，所以如來把佛的法業，付囑他們。此品是付囑令法久住，使正法流通不絕。

【要義】

佛陀再三致意，以三大阿僧祇劫所修的不可思議功德之法，咐囑彌勒菩薩令其弘通流布，四天王表示擁護此經。而阿難是集結經藏的最初傳法者，又再囑累阿難，令之受持，廣宣流布，從而借佛口道出本經的名稱。

於是佛告彌勒菩薩言：「彌勒！我今以是無量億阿僧祇劫所集阿耨多羅三藐三菩提法，付囑於汝。如是輩經，於佛滅後末世之中，汝等當以神力，廣宣流布於閻浮提，無令斷絕。所以者何？未來世中，當有善男子、善女人，及天、龍、鬼神、乾闥婆、羅剎等，發阿耨多羅三藐三菩提心，樂於大法；若使不聞如是等經，則失善利。如此輩人，聞是等經，必多信樂，發希有心，當

於是，佛對彌勒菩薩說：「彌勒！我今將這經過無量億，阿僧祇劫長時間所修集的無上正等正覺法交付囑託給你。這本經於佛入滅離世後，在未來世代之中，應當發揮你們的神力，廣宣流布此經於閻浮提洲（地球），不要讓它斷絕。為什麼呢？因在未來世界中，將有善男信女、天、龍、鬼、神、乾達婆及羅剎等，會發佛覺心，樂於信受大乘佛法的。若今到他們沒有機會聽聞這些經典，則他們便會失去大善利益了。這輩人聽聞這些經典，必會更加喜悅信樂，萌發希有向佛心，便當予以摩頂受記，並依據眾生所應該得的功德利益，為他們詳加解說。

以頂受，隨諸眾生所應得利，而為廣說。

彌勒當知！菩薩有二相。何謂為二？一者，好於雜句文飾之事；二者，不畏深義如實能入。若好雜句文飾事者，當知是為新學菩薩；若於如是無染無著甚深經典，無有恐畏，能入其中，聞已心淨，受持讀誦，如說修行，當知是為久修道行。

彌勒！復有二法，名新學者，不能決定於甚深法。何等

彌勒，你應知道！**學做菩薩的人是有兩類型**的。是哪兩類型呢？第一類是喜歡借助於詞章文句之類的東西來理解、受持佛法；第二類是不害怕深**奧義理，如實直說，能入真諦。那些喜歡借助於詞章文句之類的東西來理解、受持佛法者，應該知道這是新入門菩薩；而那些不執著於詞章文句、語言文字的，能對深奧的經典，無恐無畏地深入其中內容，聽完便能心淨，能受持讀誦、按照經中教說去修行的人，應該知道這就是已久修菩薩道的行者。**

彌勒！新學菩薩也分兩類，他們無法領受義理深刻的佛法。是哪兩類呢？第一類是當他們聽聞前

為二？一者，所未聞深經，聞之驚怖生疑，不能隨順，毀謗不信，而作是言：『我初不聞。從何所來？』二者，若有護持解說如是深經者，不肯親近、供養、恭敬，或時於中說其過惡。有此二法，當知是為新學菩薩，為自毀傷，不能於深法中，調伏其心。

彌勒！復有二法，菩薩雖信解深法，猶自毀傷，而不能得無生法忍。何等為二？一者，輕慢新學菩薩，而不教誨；二

所未聞的深奧佛典，會驚訝產生恐怖懷疑，不能隨順信受，甚至毀謗不相信，會這樣說：『這些我從未聽過的教導，是從哪裡來的？』第二類是當遇有護持或講解宣說這些深奧經義的人，他不肯親近、尊敬、供養，或甚惡意中傷。這兩類都是新學菩薩的表現，他們是既自損功德，又不能於深奧經義中，調伏心靈。

彌勒！還有兩類新學菩薩，雖然相信瞭解深奧法義，但仍自損功德，而不能證得諸法不生不滅的境界。是哪兩類呢？第一類是輕視憍慢那些新學的菩薩，不肯指導教誨他們。第二類是雖然信奉瞭解

者，雖解深法，而取相分別。是為二法。」

彌勒菩薩聞說是已，白佛言：「世尊！未曾有也。如佛所說，我當遠離如斯之惡，奉持如來無數阿僧祇劫所集阿耨多羅三藐三菩提法。若未來世善男子、善女人求大乘者，當令手得如是等經，與其念力，使受持讀誦、為他廣說。世尊！若後末世，有能受持讀誦、為他說者，當知皆是彌勒神力之所建立。」

深奧法義，但對一切諸法妄加分別。就是這兩個類型。」

彌勒菩薩聽完這些說法，便對佛說：「世尊！這真是前所未聞。就正如佛所說的，我應當遠離這樣的惡知識，信奉受持如來經過無數阿僧祇劫長時間，所修集的無上正等正覺法。若在未來世，有善男信女求學大乘佛法的話，我便會令他們手中得持這些經典，給予他們憶念能力而去受持讀誦，為他們詳加解說的。世尊啊！若在往後的末世，能夠有受持讀誦，並為別人解說佛法的人，便可知道，他是由於我彌勒的神力所建立達成的了。」

佛言：「善哉，善哉！彌勒！如汝所說，佛助爾喜。」

於是一切菩薩合掌白佛：「我等亦於如來滅後，十方國土廣宣流布阿耨多羅三藐三菩提法，復當開導諸說法者，令得是經。」

爾時四天王白佛言：「世尊！在在處處、城邑聚落、山林曠野，有是經卷，讀誦解說者，我當率諸官屬，為聽法故，往詣其所，擁護其人，面百由旬，令無伺求得其便者。」

佛說：「好極了，好極了！彌勒！能如你所說的話，佛更加歡喜了。」

於是，所有菩薩都雙手合十恭敬對佛說：「我們也要在如來入滅離世後，於十方不同的佛土中，廣宣流布無上正等正覺法，而且還會開解指導各個說法的人，使他們得持本經。」

這時，四大天王對佛說：「世尊啊！無論在何地、何處，不管是身處在城市、在村落、在山林、在曠野，只要是存有這部經卷的地方，或是有人讀誦、解說經典的話，我就會率領我的眷屬到那裡去聽受佛法，並會護佑他，使他在方圓一百由旬面積範圍之內，都不容有任何邪魔伺機入侵的。」

是時佛告阿難：「受持是經，廣宣流布。」

阿難言：「唯然！我已受持要者。世尊！當何名斯經？」

佛言：「阿難！是經名為『維摩詰所說』，亦名『不可思議解脫法門』，如是受持。」

佛說是經已，長者維摩詰、文殊師利、舍利弗、阿難等，及諸天、人、阿修羅一切大眾，聞佛所說，皆大歡喜。

這時，佛對阿難說：「你要信受憶持此經並廣宣流布。」

阿難說：「是的！我已信受憶持此經的要義。世尊啊！應該怎樣稱呼這部經典呢？」

佛告訴阿難說：「這部經的名稱就叫《維摩詰所說經》，又稱《不可思議解脫法門》，就如我所說的去信奉受持這部經。」

佛陀說完此經後，維摩詰居士、文殊菩薩、舍利弗、阿難等，以及所有天人、阿修羅等一切大眾，聆聽完佛陀的教誨而滿心歡喜，無不信受奉行《維摩詰所說經》。

國家圖書館出版品預行編目（CIP）資料

維摩詰經精要,從入世證出世的智慧：有錢不礙修
行 沒錢會障礙你的修行 / (姚秦)鳩摩羅什原譯；梁崇
明編譯. -- 初版. -- 新北市：大喜文化, 2019.08
　面；　公分. -- (經典精要；108004)
ISBN 978-986-97879-2-5(平裝)

1.經集部

221.721　　　　　　　　　　108010482

經典精要 108004

維摩詰經精要，從入世證出世的智慧：有錢不礙修行 沒錢會障礙你的修行

原　　譯：（姚秦）鳩摩羅什
編　　譯：梁崇明
編　　輯：謝文綺
發 行 人：梁崇明
出 版 者：大喜文化有限公司
封面設計：大千出版社
登 記 證：行政院新聞局局版台省業字第 244 號
P.O.BOX ：中和市郵政第 2-193 號信箱
發 行 處：23556 新北市中和區板南路 498 號 7 樓之 2
電　　話：02-2223-1391
傳　　真：02-2223-1077
E-Mail：darchentw@gmail.com
銀行匯款：銀行代號：050　帳號：002-120-348-27
　　　　　臺灣企銀　帳戶：大喜文化有限公司
劃撥帳號：5023-2915，帳戶：大喜文化有限公司
總經銷商：聯合發行股份有限公司
地　　址：231 新北市新店區寶橋路 235 巷 6 弄 6 號 2 樓
電　　話：02-2917-8022
傳　　真：02-2915-7212
出版日期：2019 年 8 月
流 通 費：$350
網　　址：www.facebook.com/joy131499
I S B N：978-986-97879-2-5